罰ゲーム化する
管理職

バグだらけの職場の修正法

小林祐児

Kobayas

インターナショナル新書　134

はじめに

今、管理職として働くということが、「罰ゲーム」と化してきている。本書のテーマは、このシンプルなことについてです。

日本の管理職に対するこの「罰ゲーム」という比喩は、近年、ビジネスの現場や研究者の間でもしばしば聞かれていたものですが、いよいよ正面から取り上げる必要が出てきました。

この「はじめに」を書いている筆者の手元には、『中堅崩壊』（野田稔＋ミドルマネジメント研究会、ダイヤモンド社）という本があります。日本の中間管理職、ミドル・マネジメント、現場管理職の元気が無くなってきており、リーダーが育たない。その不活性化についての課題を提起した2008年の著作です。「崩壊」という刺激的なタイトルも含めて、当時話題になりました。

そこから16年が経った2024年現在、管理職の元気の無さや「崩壊」の様子は、一向に改善されることなく、むしろ顕著に見られるようになっています。同時に、この国の少子高齢化に伴う労働力不足は深刻化し、伝統的に新卒採用に依存していた大企業も中途採用を増やし、コロナ禍で一度沈静化していた採用競争は、再度激しさを増しています。そうした変化を生き抜く組織にとって、管理職を育て、確保する重要性は誰しもが認めるところです。

この「管理職が不活性化してきている」という課題は、あくまで企業目線、経営目線から見たものです。働き手からすれば「元気がない」という問題以上に、もはや「罰ゲーム」に近い状況になってきています。

「罰ゲーム」というのは、ただの「イメージ」の話ではありません。現場には厄介な課題が、ゲームの「バグ」のように発生し続け、降り積もっています。現役の管理職からは次のような声が、毎日のように聞かれます。

「朝から晩まで会議ばかりで、夜からしか自分の仕事ができない」
「メンタルヘルスの不調で、常に部下が欠けている状態で働いている」
「ハラスメントと言われるのが怖くて、部下を叱るのが怖くなった」
「会社から女性活躍と言われても、女性側にはその気が無くて困り果てている」
「若手社員がみな指示待ちの姿勢で、主体的に動いてくれない」

こうしたリアルな課題が、消せども消せども火の粉のように降り掛かり続けています。

そして、数えれば切りがないほどに多くのバグ（課題）がさらなるバグを誘発し、その火消しに苦労する上司を横目で観察するメンバーにとって、管理職はますます魅力的なものでなくなっています。

この「罰ゲーム化」の影響は深刻です。管理職ポストの後継者不足、イノベーション不足、部下育成不足、さらには管理職本人のストレス、そして本人の自殺という悲劇的な問題にまで連綿とつながっています。経営・組織の課題の域を超え、「社会課題」とも呼べるものになってきました。こうした状況も、後ほどデータで客観的に見ていきます。

さて、ではこのバグの原因は何でしょうか。

あまり気が付かれていませんが、**この管理職の「罰ゲーム化」には、放置すると負荷が上がり続ける、まるでインフレ・スパイラルのような構造が存在します。**ここ10年ほどで現れたハラスメント防止法、働き方改革、テレワークの普及など、新しいトレンドの多くが、管理職の負荷を増やし続けています。

そして、多くのゲームと同じように、フィールドで汗水たらして戦っているプレイヤーの視点からは、その裏にある根本原因やメカニズムはほとんど見えません。

「なぜこれほど自分に仕事が降ってくるのか」
「なぜ部下は自発的に動いてくれないのか」
「この状況で、なぜ会社は助けてくれないのか」

目の前に迫ってくる「バグ＝課題」の数々に対して、その原因を明確化することは容易ではありませんし、そもそもそんなことを客観的に分析している余裕など無い人が大半でしょう。多くの管理職たちはこの状況を言語化もできず、会社に訴えることもできず、徒手空拳で「罰ゲーム」に立ち向かい続けています。

すべてのゲームには、「作り手」がいます。会社という世界の中で言えば、働く環境やルールを決める側、経営や人事といった人たちです。しかし残念ながら、ゲーム環境の作り手の多くも、この「バグだらけの職場」を放置し続けています。こうした話題について経営者や管理部門と話してみれば、次のような言葉にすぐ行き当たります。

「現場は常に人が足りないというものですからね」
「自分が課長だったときも、なんとか自力で乗り切ったものだ」
「修羅場を乗り越えることで真のリーダーになることができる」

この問題を複雑にしているのは、こうした「視線のすれ違い」がいたるところで起こっていることです。社長と人事の間、部長と課長の間、事業部門と管理部門の間には、まるで半透明のベールがかかっているように、課題への認識も切実さも嚙み合うことなく、すれ違い続けているのです。これが実は、「罰ゲーム化」の根本的原因です。

もはや「永久機関」のようにバグが発生し続け、ゲームクリアどころか「まともに働ける」状態にすらならない。そうした状況を見てメンバーは転職、退職といった「離脱」を選ぶことになります。その離脱の様子を見た他のメンバーも芋づる式に辞めていく。一方で、すでに年を重ねて自由に転職できない中高年の管理職は、壁際に追い詰められていきます。

このゲームは、本当のゲームのようにやり直しがききません。一度管理職を降りてからもう一度管理職になるというパターンは極めて例外的です。人生もキャリアも一度きりであり、リセットボタンは存在しません。

雇用や組織の研究者の端くれであり、端くれらしく民間企業のビジネスの現場に近いところで研究している身として、この状態を放置することはできません。だからこそ、この本は書かれました。

さて、管理職やマネジャーに向けた本というのは、ビジネス書の定番ジャンルです。優れたリーダーやマネジャーがどのように行動しているかを、著名な経営者から研究者、人事コンサルタントまで、様々な論者が様々に語ってきました。勉強熱心な人事部や経営者の中には、それらの本を読み、「時代に合う優れた管理職とは?」「リーダーとは?」ということに一家言ある人も多いです。

しかし、現場に降りて「普通の」管理職と話しても、そうした(人事部や経営者が目指すような)理想のリーダーシップ像を参考にしている人には、ほとんど出会いません。研修は受けているはずなのに、なかなか活かされていません。なぜでしょうか。

既存のマネジャー本を一度手に取っていただくとわかるのですが、そこでは管理職やマネジャーの「なすべき役割」や「するべき仕事」が大量に羅列されています。育成のツボ、フィードバックのポイント、対話的な行動のポイントなどなど。**無限に続く「虎の巻」のようなマネジャー本は、「罰ゲーム」を生きる管理職に、「あれもこれも」と押し付けるものになっています。**これでは現場の管理職の問題を解決するどころか、むしろ問題を悪化させかねません。

本来は参考になる優れた知識が多く含まれているはずなのに、「机上の空論だ」「現場感の無いもの」として片付けられ、「結局どれをやればいいのだ」とテキストを閉じられる。

先程ご説明した、噛み合わないすれ違いは、「専門家」と現場の間にも起こっているのです。

筆者は、「いい本なのに読まれないマネジャー本」や「理想的だが役に立たない管理職研修」が増産される様子を見て、**今の日本の管理職にとって必要なのは、理想的な管理職像を押し付けることではない**と考えるようになりました。「罰ゲーム」を生きる管理職に「あれもこれも」は不可能です。

現実のマネジャーに必要なのは、「少なくとも22時前には家に帰れること」「多すぎる会議をどうにか減らすこと」「職場を〝まとも〟に回すこと」。「**罰ゲーム」をサバイバルする現実の管理職に必要なのは、「マイナスをゼロにする」というリアリスティックな解決です。**輝く理想のマネジャーを目指したり、リーダーシップのあり方を熟慮するような「高尚さ」は、一部の人たちのものとしていったん忘れ、この「罰ゲーム」を「攻略」するアプローチを提案するのがこの本です。

同時に必要なのは、「ゲームの作り手」サイドへの提案です。**本書のもう一つの目的は、人事や経営に、この永久機関のような状況を改善するための手立てを持ってもらうこと**です。

日本企業は、バブル崩壊後からの長い間、この「罰ゲーム化」を止めることができていません。この30年、日本ではプレイング・マネジャーが圧倒的に増え、管理職賃金は下がり、部下育成の難易度が増しました。その一方で、経営や人事は新しい組織課題が出てくるたびに、解決を現場マネジャーに背負わせています。

役割が足されたり難易度が上がれば、すでに担っている役割が引かれるか、もしくは報酬が上がらなければなりません。しかし、その両方ともなされないまま、役割が「アドオン」（追加・拡張）され続けています。企業という労働環境の作り手側が、現状を正確に理解し、処方箋を描いて実行しない限り、この永久機関は止まりません。

自己紹介を兼ねて補足しましょう。筆者は、パーソル総合研究所という組織・労働をテーマに扱う研究所で働きながら、様々な調査・研究を行ってきました。自らリサーチやインタビューをして分析してきたテーマだけでも、職場のハラスメント、女性の活躍、転職行動、アルバイト・パートの定着、長時間労働、組織不祥事、副業・兼業、リスキリング、中高年の不活性化、キャリア自律、テレワークの働き方、コーポレート・アルムナイ、外国人雇用、若手の学び、仕事におけるウェルビーイング、組織開発、人事評価と目標管理、ジョブ型雇用、介護人材の定着、新卒採用とインターンシップなど、多岐にわたってやらせてもらいました。著作としても、単著・共著含めて10冊以上執筆してきました。

こうした数多くのトピックの「ど真ん中」に、管理職の問題は常に存在し続けてきました。どんな調査データも、いざ分析してみると、管理職・上司の振る舞いが、ほとんどの組織と労働の問題に大きな影響を与えています。

アルバイト・パートが定着するかどうかも、従業員のリスキリングが進むかも、女性が意欲を高めるかも、ジョブ型雇用の成否を分けるのも、「現場管理職の行動」が強く影響しています。管理職こそが多くの労働問題の中心にあることは、「管理職って大事ですよね」といった素朴な直感ではなく、多くの統計的なデータが筆者に教えてくれたものです。だからこそ、そうした管理職ポストが魅力の無い、「罰ゲーム化」してしまうということは、あらゆる組織課題の中で、最も切実で重要なものだと考えます。

本書は、「直感と思いつきと綺麗ごと」で書かれた本ではありません。実地での調査やヒアリングから集めた当事者の声、そして定量的データと統計解析をもとに、管理職の「罰ゲーム化」に対する「理解」を進め、その「修正法」を示すものです。

ここで扱う管理職の対象は、主として現場を見ている管理職、いわゆる課長級の「ファーストライン・マネジャー」です。課長級といっても働き方は企業規模によって様々ですので目安くらいに考えてもらえればと思います。

この本全体の見取り図を説明しましょう。本書は以下のように大きく5つのパートから構成されます。

第1章の【理解編】では、「罰ゲーム化」の現在を概観し、理解を深めたいと思います。会社という組織における管理職の役割と負荷の現状を、大きなくくりで理解するとともに、日本経済のマクロなトレンドや時流を確認していきます。第1章の目的は、「これはうちの会社でも起こっている」という自社や自身の問題に照らした現状の整理と、それが自社だけでなく、日本中で同じように、長い期間にわたって起きていることである、という現状の理解です。

第2章の【解析編】では、「管理職の何がそんなに大変なのか」という点について、詳細なデータを確認しながら、職場のバグを解剖していきます。プログラム・コードの中身を確認するように、心理的負担、業務上の負担、その原因について、よりミクロに詳らかにしていきます。「今、管理職が大変だ」という声に対して、「いやいや、昔から管理職とはそのようなものだ」くらいの認識や、目に入る範囲しか見ていない「現場感」では、残念ながら十分な処方箋は描けません。複雑な現実を丁寧に分析していくことが必要です。

第3章の【構造編】では、この「罰ゲーム化」がなぜ発生し、なぜ放置されるのかという問題を考えます。ここで論じるのは、管理職本人はおろか、経営者や人事担当者の多くが気付いていない、この「罰ゲーム」の「内部構造」であり、世界的に見たときの「日本の管理職の特殊さ」です。いわば、プログラム・コードの「動作の仕方のおかしさ」に光を当てることになります。

国際的な研究や調査からは、日本の管理職が独特の、いわゆるガラパゴス的な進化を遂げてきたことが示されます。日本の雇用の特徴は、一般的には「終身雇用」や「年功序列」などと

本書の構成

第1章【理解編】	「罰ゲーム化」とはどんなことか
第2章【解析編】	管理職の何がそんなに大変なのか
第3章【構造編】	「罰ゲーム化」はなぜ生まれ、なぜ放置されるのか
第4章【修正編】	「罰ゲーム化」はどう修正できるのか
第5章【攻略編】	管理職は「罰ゲーム」をどう生き残るべきか

言われていますが、ここではそうした表面的な特徴ではなく、管理職問題の骨組みを捉えていきます。

概観を理解し、解析し、構造まで見えてきたら、**第4章【修正編】で処方箋、つまりバグを修正し、「罰ゲーム化」を止めるために何ができるのかという提案に入ります。**ここでは主に、会社というゲームの「作り手」の側への処方箋を提案していきます。つまり、経営や人事担当の方向けの内容です。

その処方箋は大きく4つに分けられます。「**フォロワーシップ・アプローチ**」「**ワークシェアリング・アプローチ**」「**ネットワーク・アプローチ**」「**キャリア・アプローチ**」という、4つのアプローチです。

また、その修正作業の中で多くの企業がハマりがちな罠があります。**管理職個人の意欲やスキルを鍛えることで「罰ゲーム」を乗り越えさせようとする**

「**筋トレ発想**」です。管理職自身のスキルやマインドセットを変えることで「罰ゲーム」を克服させようという発想は、有識者含め多くの人が陥る罠です。まさにその発想こそが「罰ゲーム」を迷宮入りにし、温存し、再生産し続けます。

こうした作り手側へのアプローチが実践されるかどうかは、会社次第です。当事者である管理職にとっては会社が動いてくれなくてはどうしようもありません。そこで**第5章の【攻略編】では、管理職本人が「罰ゲーム」を生き残るための処方箋を描いています。**ただでさえ忙しい管理職の方に「あれも、これも」と伝えることはしません。伝えたいのはただ一点、**管理職自身の「アクションの過剰」をどう防ぐか、という点です。**

「話しすぎ」「指示しすぎ」「会議に出すぎ」「仕事を巻き取りすぎ」、その結果としての「働きすぎ」。これらのアクションの過剰を、いかに抑制していくかがポイントです。そのためには、管理職本人が持っている仕事に対しての「タテのものさし」と「ヨコのものさし」を柔らかくすることです。自分自身のものさしが変わらない限り、管理職は目の前に現れた仕事に対して、脊髄反射的に「動きすぎる」ことになり、ズブズブと蟻地獄のように「罰ゲーム」に飲み込まれていきます。

これら本文中の1~3章末には、**【理論編】**として、より学術的・専門的な文脈や研究を参照しながら「罰ゲーム化」を議論するパートを、補足的に挿入しています。HRM（Human Resource Management／人的資源管理）の知識の豊富な人事の方や人的資源管理を研究したい大学院生などに向けた、やや中級・上級者向けの議論です。とは言っても、些末な学術談義は行いません。「マネジメントのトレンドはどう変わってきたのか」や、「管理監督者と管理職の違いは何か」、「セルフ・マネジメント型組織は本当に可能なのか」といった、管理職問題を本気で考えるに当たって極めて本質的な議論を展開しています。

マネジャー向けの本は数あれど、管見の限り、管理職の「負荷」問題について、ここまで多角的に議論した本は、この国には存在しません。すでに「罰ゲーム」を体感している人はもちろん、管理職になりたての人、今の会社で管理職になろうかどうしようか悩んでいる人、そして自社の管理職の働き方に課題意識を持っている人事部の方、経営層の方……。様々な方にとって本書が、この問題を真剣に考え、議論し、行動を起こす助けになれば、筆者としてこれ以上の幸せはありません。

目次

第4章 【修正編】「罰ゲーム化」の修正法 151

第1章【理解編】管理職の「罰ゲーム化」とは何か

管理職の何が大変なのか

管理職とはどういう人々か

最初に、そもそも管理職とは会社の中でどんな人を指し、いったい何をする役職なのかを確認するところから始めましょう。

多くの会社では、一般社員から順に、主任、係長、課長、部長、本部長（事業部長）、執行役員と役職が続き、上に上がるほど権限と管掌範囲が広くなっていきます。一般的にはこの序列の「課長」以上が管理職と呼ばれ、その扱いを受けることが多いですが、係長から管理職扱いの会社もありますし、マネジャーやディレクターなど、業界や会社によって固有の呼び方があります。

一般に、管理職になると労働組合の構成員ではなくなり、労働基準法に定める労働時間の規制を受けず、時間外割増賃金の支払い対象ではなくなります。こうした法的な取り扱いは、法律では「**管理監督者**」と定義され、企業における管理職とは微妙なズレが生じます。管理監督者として扱うのが法的にはグレーなポジションでも、会社によっては管理職扱いされている場合も多くありますし、その取り扱いの適正さが争われる裁判もしばしば発生します。これらの「名ばかり管理職」については、後ほど述べていくことにしましょう。

管理職の役割とは何か

管理職の役割については、学術的にも実践的にも数多く議論されてきました。例えば経団連が2012年にまとめたものがわかりやすいでしょう。

ここでは、管理職の役割は、大きく以下のように整理されています。

①情報収集や経営メッセージの流通や共有を主とする情報関係の役割
②日常業務の処理や新規事業の立案、グローバル化への対応などの業務遂行関係の役割
③部下への指導や育成、風土醸成やトラブル解決といった対人関係の役割
④企業のガバナンスや労働法の遵守といったコンプライアンス関係の役割

より簡単に言い換えれば、**①は情報のコントロール、②は仕事のコントロール、③は人のコントロール、④はルールのコントロール**です（図表1）。さて図表1の、細かな役割を眺めているだけでも、管理職は職場の中で数多くの役割を担っているとわかります。現場の管理職からすれば、「本当にこんなことをしてるか？」「こんなことをやろうとも思ったことがない」と首を傾げそうなものも並んでいるかもしれません。

これはただ、管理職の役割をできるだけ漏れがないように並べただけのものです。データと

図表1 管理職の基本的な役割

①情報関係

- 社内外の情報収集および周辺状況の分析
- 必要な情報の経営トップへの伝達
- 経営トップのメッセージを咀嚼し現場に浸透
- 自らのチームが目指すべき方向性の明示
- 海外も含めたグループ企業や関係部署との折衝および情報共有
- 社内外（他部署や取引先、顧客など）からの要請や問い合わせへの対応

②業務遂行関係

- 日常業務の処理や課題解決
  - 課題解決に向けたPDCAを回す
  - 自らもプレイヤーとなり仕事の成果を上げる
- 新規事業やプロジェクトの推進、イノベーションの創出
  - 経営環境の変化を的確に捉えた状況判断
  - 新しいビジネスモデルや商品・サービスの企画立案
- 経営のグローバル化への対応
  - 海外におけるマーケティング、現地の消費者にとって魅力のある製品・サービスの提供、海外のパートナー企業との綿密な連携等

③対人関係

- 部下一人ひとりの性格や長所・短所を踏まえた指導・育成
- 仕事に対する動機づけ
- 部下が協働し合うような職場づくり
- 人間関係上のトラブルの早期発見と早期解決
- 社外の関係者との連携強化や人脈づくり

④コンプライアンス関係

- 個人情報の適切な管理
- 内部統制や機密情報の漏えい対策
- 適切な労働時間管理
- 労働関連法規の遵守
- 業務に関わる法律や実務上の留意点の理解促進および法制度改正などを見据えた事前準備

出所：一般社団法人 日本経済団体連合会「ミドルマネジャーをめぐる現状課題と求められる対応」

ロジックを用いて、もっと整理してあげる必要があります。その作業と同時に「何が負荷になっているのか」も、照らし合わせて見てみましょう。

管理職負荷の概況を見る

まずは管理職の「負荷」の現状を概観しましょう。**図表2**をご覧ください。ここで紹介するデータは、全国の従業員数50人以上の企業に勤める中間管理職（係長・課長など、現場に最も近いファーストラインの管理職）に対して調査した結果です。

近年、「業務量の増加」を感じている管理職は、52・5％と過半数を超えています。逆に「感じていない（当てはまらない・全く当てはまらない）」と回答する管理職はわずか11％程度。こうした管理職の負荷の高さを聴取した調査は世間に数多くありますが、その多くが「負荷の高さが近年になって増している」ことを示しています。

さらに、負担感が「高い群、中くらいの群、低い群」の3層に管理職を分割し、高い群と低い群の課題意識を比較してみると**図表3**のようになります。「学びの時間を確保できていない」「時間不足から付加価値を生む業務に着手できない」といった意識がどちらの群でも高めの割合ですが、中でも、負担感が高い群で非常に高くなっています。さらに「後任者の不在」に至っては7割に迫る率になり、「他の会社に転職したい」という意識も高くなっています。負荷

図表2 管理職本人の業務量の増加

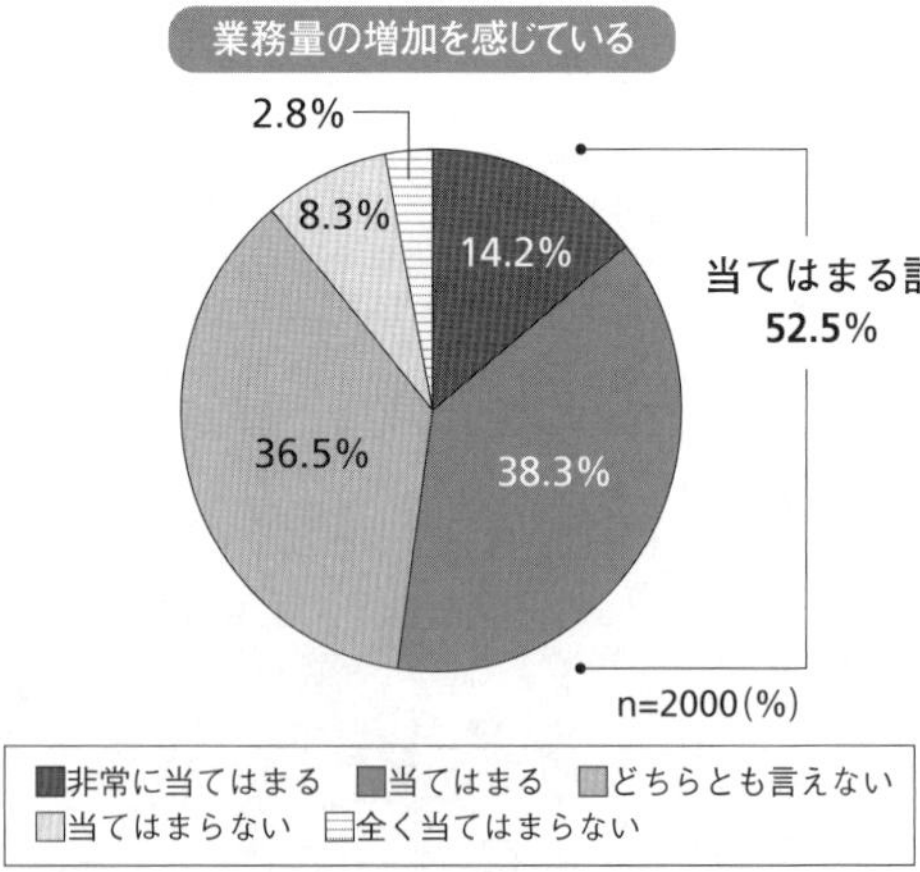

出所：パーソル総合研究所「中間管理職の就業負担に関する定量調査」

図表3 管理職の負担感別 抱えている課題の傾向

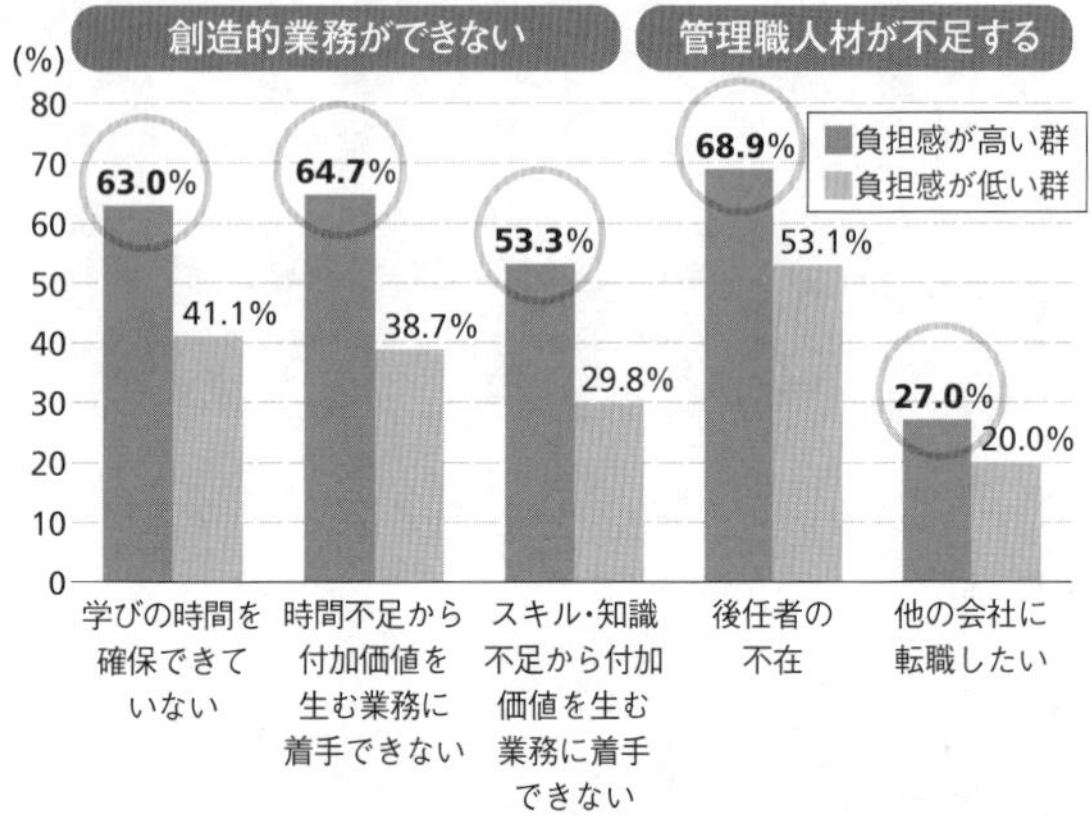

出所：パーソル総合研究所「中間管理職の就業負担に関する定量調査」

が高ければ新しい価値を生み出すような余裕が無くなり、学びの時間もなくなり、自分の後任者も見つけにくい状況が進んでいることがわかります。

どの役割の負荷が高いのか

より知りたいのは、**管理職が具体的にどのような役割に負担を感じているか**です。先ほどたくさんの役割を担うことを確認しましたが、役割の内容によって負担感の軽さ・重さは当然あります。**図表4**では、中間管理職が担当する役割について、7段階で負担感を回答してもらい、その結果を集計しています。

まず「負担感」全体の結果を見ると、「組織内のトラブルや障害を解決する」「部下との定期的な面談を行い、フィードバックを行う」「部下のモチベーションを維持・向上させるコミュニケーションを実行する」の3つが同率1位で、最も負担感が高かったことがわかります。全体を見ると、特定の項目が突出しているわけではなく、ほぼすべての項目がおおむね横ばいに並んでいることもわかります。

また役割を「部下マネジメント関連」「ハラスメント・コンプライアンス・トラブル関連」「その他」のカテゴリに分けると、「部下マネジメント関連」の項目が上位に多く入っており、**部下の扱いやコミュニケーションに苦労する管理職が多い**ことがわかります。経営層や上位管

図表4　役割別に見た負担感

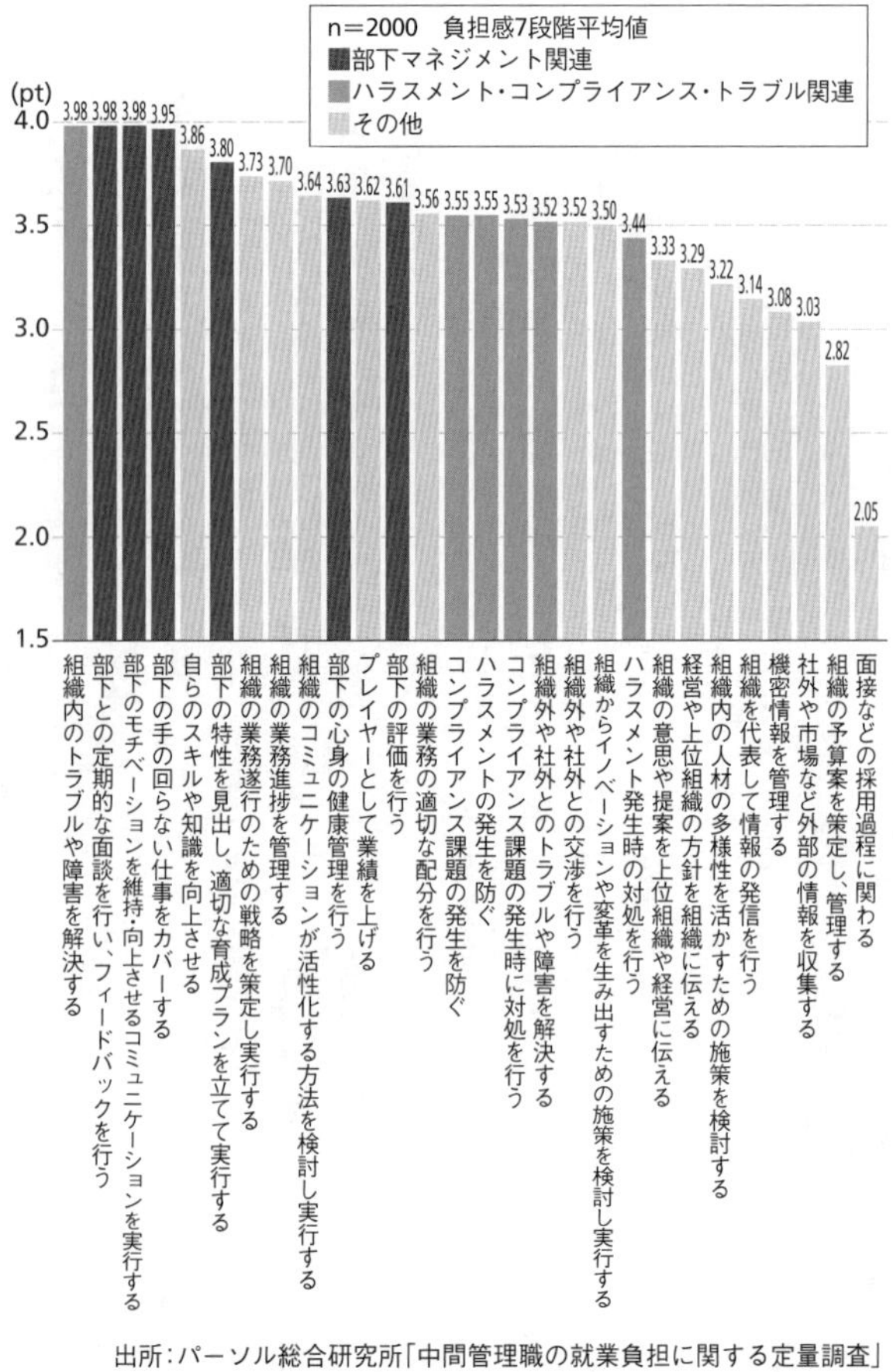

n=2000　負担感7段階平均値
部下マネジメント関連
ハラスメント・コンプライアンス・トラブル関連
その他
(pt)
4.0
3.5
3.0
2.5
2.0
1.5
3.98
3.98
3.98
3.95
3.86
3.80
3.73
3.70
3.64
3.63
3.62
3.61
3.56
3.55
3.55
3.53
3.52
3.52
3.50
3.44
3.33
3.29
3.22
3.14
3.08
3.03
2.82
2.05
組織内のトラブルや障害を解決する
部下との定期的な面談を行い、フィードバックを行う
部下のモチベーションを維持・向上させるコミュニケーションを実行する
部下の手の回らない仕事をカバーする
自らのスキルや知識を向上させる
部下の特性を見出し、適切な育成プランを立てて実行する
組織の業務遂行のための戦略を策定し実行する
組織の業務進捗を管理する
組織のコミュニケーションが活性化する方法を検討し実行する
部下の心身の健康管理を行う
プレイヤーとして業績を上げる
部下の評価を行う
組織の業務の適切な配分を行う
コンプライアンス課題の発生を防ぐ
ハラスメントの発生を防ぐ
コンプライアンス課題の発生時に対処を行う
組織外や社外とのトラブルや障害を解決する
組織外や社外との交渉を行う
組織からイノベーションや変革を生み出すための施策を検討し実行する
ハラスメント発生時の対処を行う
組織の意思や提案を上位組織や経営に伝える
経営や上位組織の方針を組織に伝える
組織内の人材の多様性を活かすための施策を検討する
組織を代表して情報の発信を行う
機密情報を管理する
社外や市場など外部の情報を収集する
組織の予算案を策定し、管理する
面接などの採用過程に関わる

出所：パーソル総合研究所「中間管理職の就業負担に関する定量調査」

理職から降りてくる方針をかみ砕いて現場に伝えつつ、フィードバックしてモチベーションを上げ、育成プランを考える……。こうした部下とのコミュニケーション全般に高い負荷を感じている状況です。現場の声を一つ挙げておきましょう。

「一番（の苦労）は上司と部下の板挟み。急な案件、理不尽で無理難題を指示してくる上司と前回言われたことと全く違うことを指示されたと困る部下」（34歳、女性、製造業）

心の負担、仕事の負担

一口に「負荷」と言っても、**精神的に疲弊する「心理的負担」が高いのか、忙しさに拍車をかける「業務量的負担」が高いのかは、区別される必要があります。**「罰ゲーム」を構成する負担感の内容を整理するだけでも、議論の交通整理に役立つでしょう。

図表5では、左側に「心理的負担」を強く感じる役割が並んでいます。「組織外や社外とのトラブルや障害を解決する」「ハラスメント発生時の対処を行う」「部下の評価を行う」などの項目です。管理職の精神をすり減らす仕事はやはり対人関係であり、人と人との意見のすれ違いが生じやすかったり、意思疎通の難度が高くなる仕事だということです。

右側に並んでいるのは「業務量的負担」が高い役割です。「部下の手の回らない仕事をカバ

図表5　心理的負担を感じる役割と業務量的負担を感じる役割

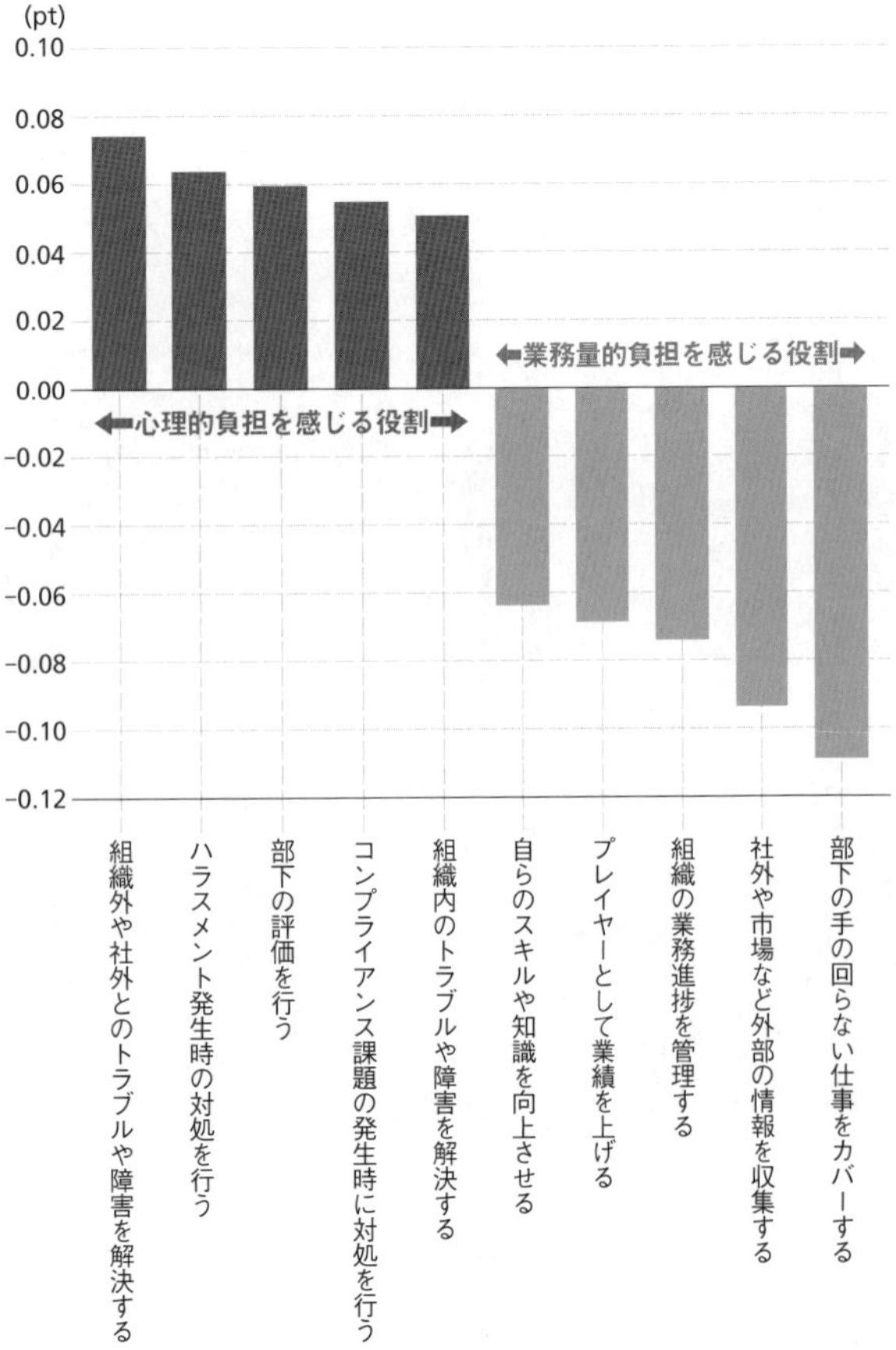

出所：パーソル総合研究所「中間管理職の就業負担に関する定量調査」

ーする」「社外や市場など外部の情報を収集する」など、日常のマネジメント業務にさらに上乗せされるこれらの作業が、忙しさを増し業務上の負荷を高くしているようです。

こうした傾向をまとめれば、**「部下マネジメント全般」の負担感に加え、ハレーションの生まれやすい「評価」と「トラブル対処」が心理的負担を、「はみ出し仕事のフォローアップ」が業務量的負担を上げている**とわかります。

「人事考課が40名以上で、休日に実施しなければいけないことが大変」（50歳、男性、医療・介護）

「コロナで目標売り上げがダウンしたことで、パート、アルバイトの人員削減を余儀なくされた」（54歳、男性、運輸・郵便業）

「気苦労が多い、業務より人の問題に関する対応に苦慮している。ヒューマンエラーの対応にも追われる」（57歳、男性、運輸・郵便業）

さらに、年齢や性別、組織状況などの周辺要素の影響をできるだけコントロールしてもう少しだけ厳密に負荷の要因を整理してみると、**図表6**のようになります。

図表内に示した数字は偏回帰係数といい、これが高いほど「負担感を強く感じている」ことを意味します。ここから読み取れるのは、**「人員削減」「コスト削減」といった「リソース不足」**

図表6 組織が抱える課題と管理職の負担感

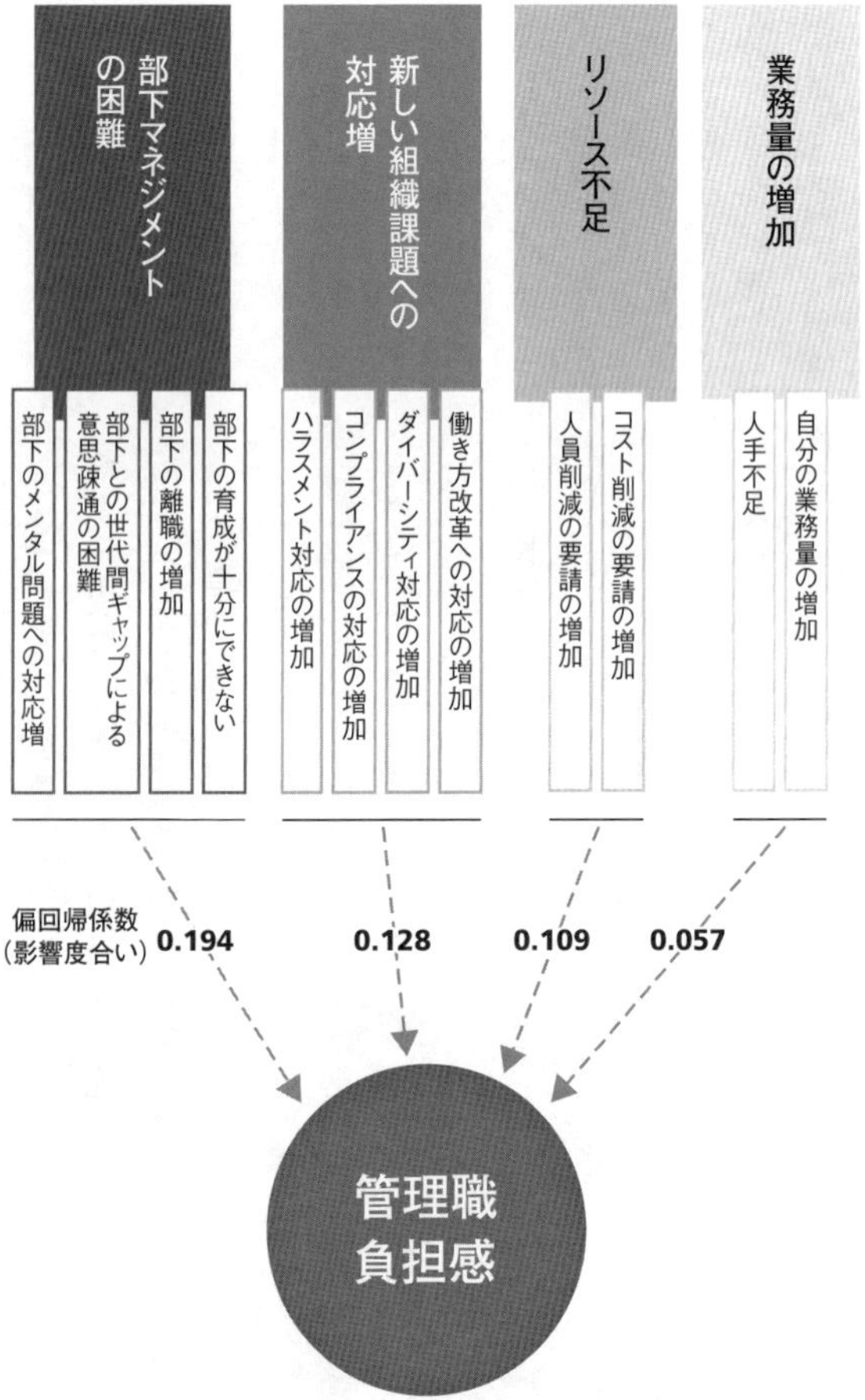

出所：パーソル総合研究所「中間管理職の就業負担に関する定量調査」

の上に、「部下マネジメントの困難」とハラスメントやダイバーシティ対応などの新しい組織課題がのしかかっているという構造です。この構造が、管理職の負担感の概観だと言えます。

これらの状況に対し「確かに大変だろうけれども、それで稼げているならいいじゃないか」と思う人も多いでしょう。確かに負担感が高くても、処遇や評価で報いているならば、合理的な感覚としてはまだ理解もできます。

しかし実際には、**企業の属性や職種の影響を勘案しても、負担感の高低とその人が受けている処遇や評価に、統計的に有意な差は見られません**でした。「大変である分、その管理職は評価され、稼げている」という状況は一般的ではなさそうなのです。

多くの企業で、管理職はメンバー層より、多くの給与と高い地位を与えられているものです。しかしこうしたわかりやすいメリットは、時代とともに変化しています。次項でもう少し長いトレンドを確認してみましょう。

減り続けた管理職の数と賃金

組織フラット化による管理職ポストの減少

この数十年で、日本の雇用社会は大きく変わりました。まず、管理職の「数」です。

バブル崩壊以降、日本企業が行った施策に「**組織のフラット化**」があります。旧来のピラミッド型組織を平らにし、階層を減らし意思決定を速くしよう、というものです。階層が減りますから管理職も減り、結果的に管理職一人当たりの部下の人数は増えることになります。

実は、管理職の数の推移を統計上で正確に調べるのは極めて困難です。統計上の分類には、国勢調査が用いている日本標準職業分類の「管理的職業従事者（大分類）」がありますが、ここには会社・団体等の役員も含まれてしまいます。賃金構造基本統計調査では「役職」がわかりますが、それがいわゆる管理職なのかは、会社ごとに異なります。また、部下無し管理職・スタッフ管理職など、部下のマネジメント業務を行わない管理職は、統計上の扱いが難しくなっています。

それでも断片的にデータを追えば、概観を摑むことはできます。例えば、統計学者の本川裕氏が国勢調査をもとに狭義の管理職数の推移をまとめたデータを見ると（図表7）、管理職の割合は1980年の4・7％をピークに長期的な低下傾向を示しています。2005年にはピーク時の約半分である2・4％にまで低下しています。

男女の年齢別のデータ（図表8）から男性の1995年と2015年の数値を比べれば、1995年に50代前半で11・1％だったものが、2015年にはなんと5・0％と約半分になっています。

図表7 日本の管理職：人的割合と女性比率の推移

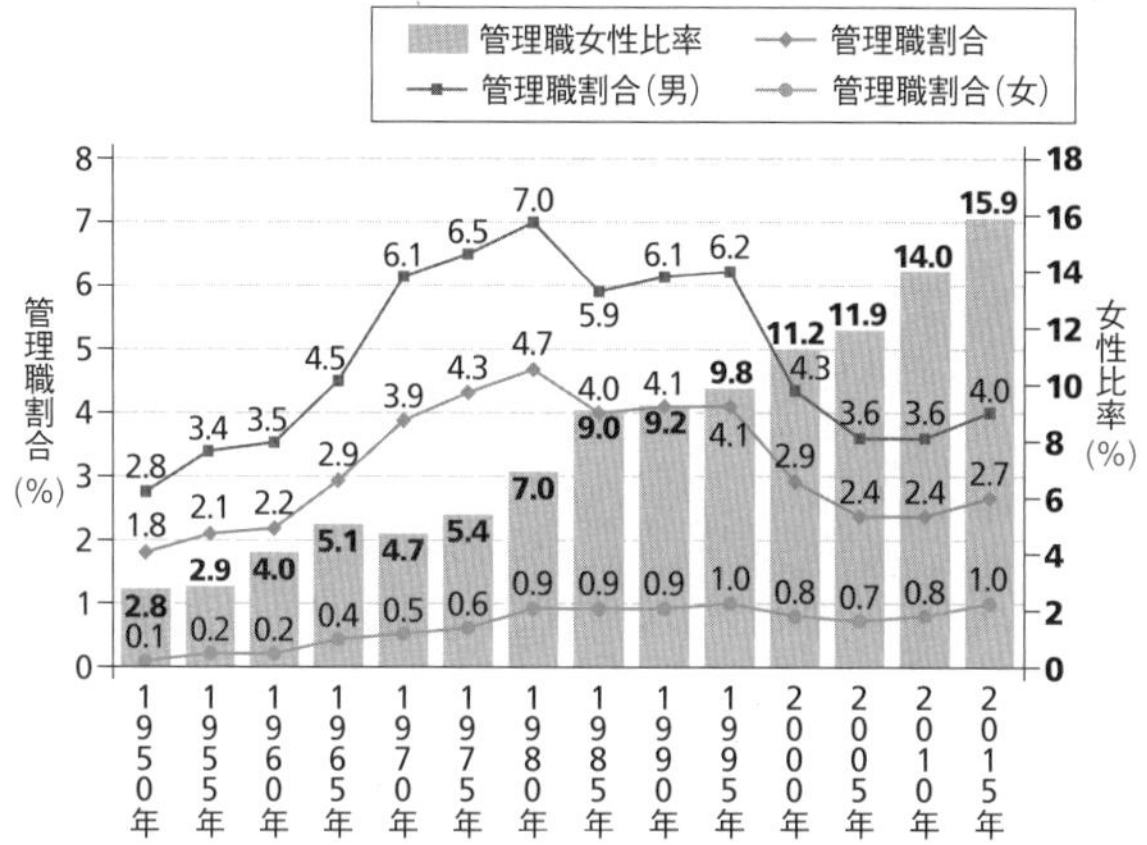

出所：「社会実情データ図録」https://honkawa2.sakura.ne.jp/3142.html

図表8 年齢別 管理職割合

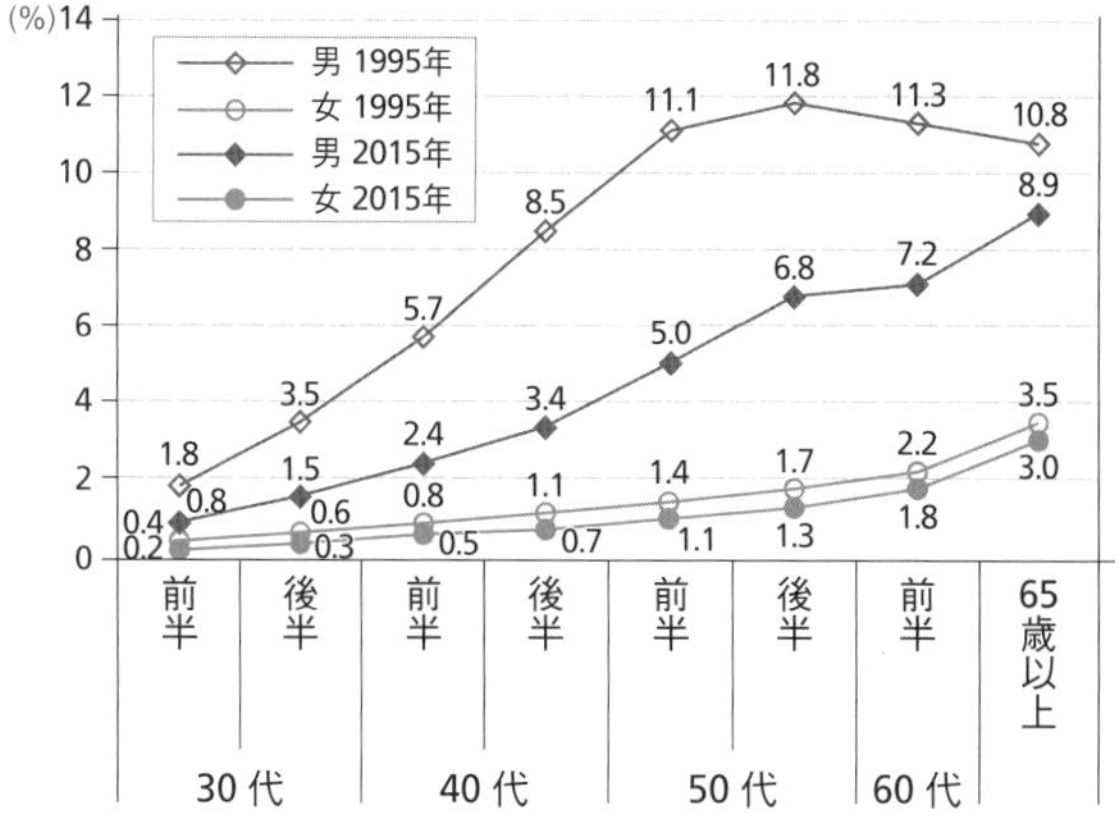

出所：「社会実情データ図録」https://honkawa2.sakura.ne.jp/3142.html

管理職の削減というと、解雇やリストラなどが原因のようにイメージされるかもしれませんが、実際には管理職は徐々に引退していきますので「新しいポストを増やさない」という自然減による影響もあります。反対に、管理職ポストをかなり自由に「増やしてきた」のが80年代までの日本企業ということです。

人を長く雇用する場合、「いつまでたっても出世できない」ということは仕事のモチベーションに響きます。**80年代までの日本企業はモチベーション低下を防ぐために、「あいつは長年頑張っているから、会社でなんらかの上位ポストを用意しよう」ということが多くの企業で行われてきました。**「部下無し管理職」、課長・部長の「補佐職」、「スタッフ管理職」など呼び方は多様ですが、直接的な部下を持たないが管理職扱いである層が多く生まれました。

こうした「昇進のためのポスト」「部下無し管理職」の存在が、80年代までの管理職増大の背景にありました。高度－安定成長期では企業全体が成長しているので、ポストが増えてもそれほど問題ではありません。組織の高齢化も今よりも進んではいませんでした。

しかしバブル崩壊後、徐々にそうしたことは行われなくなりました。上の世代の引退やポストオフなどで管理職は減っても、増えることはなくなり、結果的に管理職数は大きく減少していきました。

縮んできたメンバー層との賃金差

管理職の「数」と同時に、もう一つ減ってきたものがあります。管理職の「賃金」です。正確に言えば、**管理職ではない一般職層と管理職層の賃金の差、つまり管理職になることで期待できる上積み金額が、長期的に減少してきているのです。**

厚生労働省の賃金構造基本統計調査（図表9）から計算してみると、1981年には、部長の賃金は非役職者の約2・2倍だったのに対し2022年には約1・9倍に、同様に課長の賃金は非役職者の約1・8倍から約1・6倍に、係長の賃金は約1・5倍から約1・3倍ほどに下がっています。賃金構造基本統計調査は集計・推計方法の変更があるため、連続性は正確ではありませんが、大きな傾向は摑めます[1]。

日本には労働組合による「春闘」と呼ばれる春季労使交渉が毎年あり、最近も、世界的インフレで物価高が続く対応として組合交渉が盛んに行われ、数十年ぶりの高水準で賃上げが行われました。その交渉の場でも、組合員ではない管理職の賃金は議論の優先順位が下がります。そのため賃金の伸びへの圧力が低い状態になります。

また、雑な賃金設計が行われている企業では、一般社員の給与と管理職の給与の「逆転現象」さえも起きる場合があります。残業手当のつかない管理職と、手当のつく一般社員を比べて、**残業が多かった月には、一般社員が管理職と同等かそれ以上の給与をもらうことが、会社**

図表9　非役職者を100としたときの管理職賃金

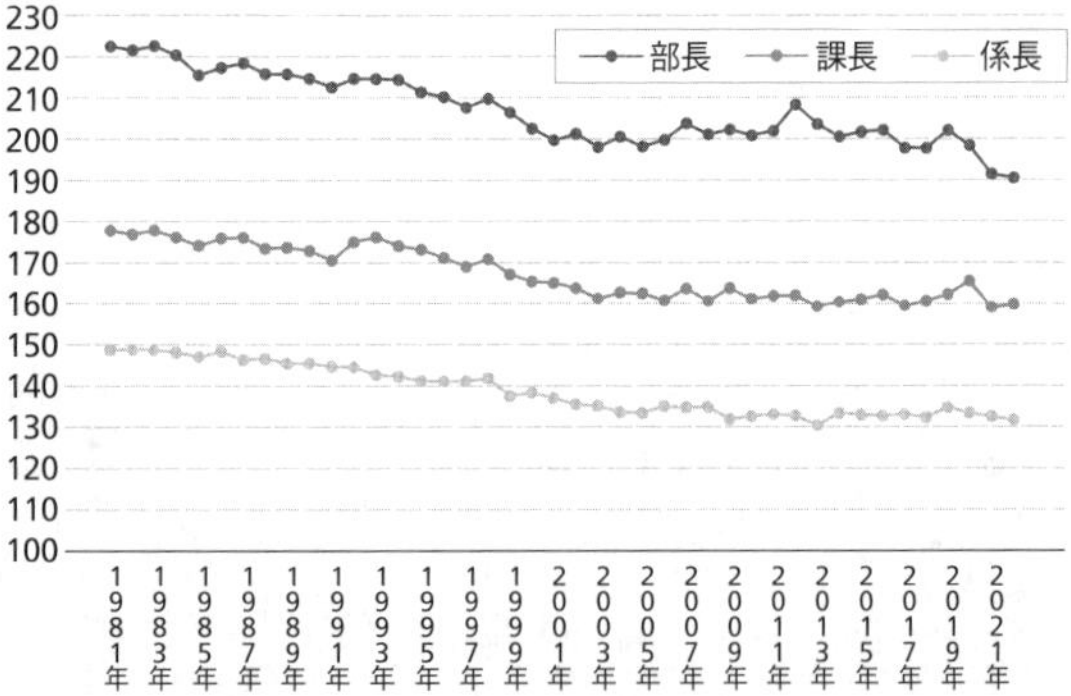

出所：厚生労働省の賃金構造基本統計調査より筆者が作成。2015年以降は集計・推計方法の変更により参考値

によっては頻繁に起こっています。

「責任は高まるものの報酬に反映されない。仕事も定時で終われず、サービス残業もあるので後悔しかない」（47歳、男性、サービス業）

「一般的な通常の会社なら係長までは平社員扱いで時間外手当などもつくのに、係長以上は管理職だということで手当もつかないのに責任だけが重い」
（51歳、男性、運輸・郵便業）

これらの賃金逆転は、単純に言えば賃金設計の「失敗」ですが、ここまでわかりやすい失敗ではないものの、次のようなことも起こりえます。**管理職とメンバー層の「タイパ逆転」の現象**です。「タイパ」とは最近よく言われる「タイム・パフォーマンス」（時間対効果）の略称です。

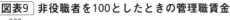

仮に、そこそこ残業が多めのメンバー層（非管理職）がいるとします。この人の基本給が26万円だとして、残業を月に25時間して、休日手当・深夜手当含め残業手当を6万円、合計32万円の給与を貰ったとします。この人の給与を時給換算すると、1時間あたり1592円になります。

一方で、同じ会社の管理職が貰っている月額給与が、役職手当含めて36万円だとします。残業しないメンバー層とは10万円の差額が設定されており、この時点では「賃金逆転」は起こっていません。しかし、多くの会社で管理職は所定労働時間を超えて労働をしており、残業手当はつきません。例えば残業を50時間した場合、この管理職の給与は時給換算すると1592円になります。先程の「そこそこ残業が多めのメンバー層」と同じ金額になってしまいました。これ以上に管理職の残業が増えれば「タイパ逆転」現象の出来上がりです（図表10）。

メンバー層に比べ、管理職のほうが責任も重く役割も多く、負荷が高いにもかかわらず、まったく同じタイム・パフォーマンスになるとしたら？　いくら管理職層が、表面上は高い給料を貰っていても「苦労が報われている」と考えるのは難しいでしょう。「自分のキャリアのために副業でもしたほうがマシだ」となってしまいそうです。

もちろん処遇は月額給与だけではなく、賞与も関係してきます。しかしほとんどの企業で、管理職の賞与は成果と強く紐付いています。管理職が成果を上げるためにより残業を増やせば、

図表10　メンバー層と管理職層の給与の時給換算例

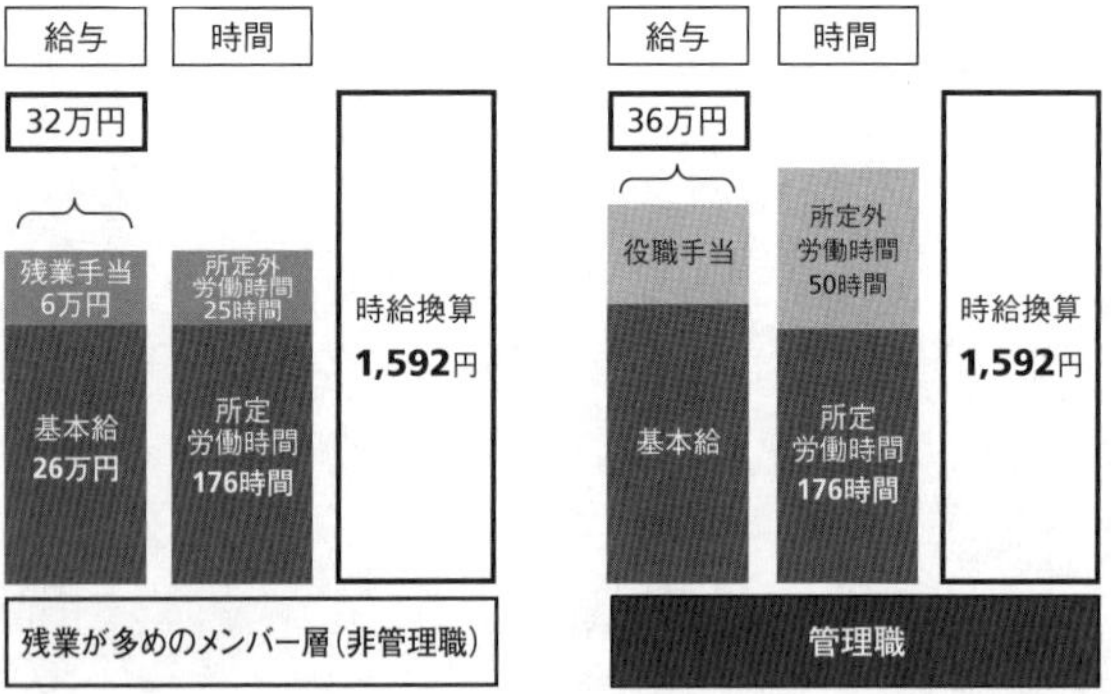

出所：筆者が独自に作成

やはりタイパは悪くなります。また、会社全体の業績が反映される場合には、管理職個人がコントロールできる範囲を大きく超えていきます。

これらは簡易的なシミュレーションですが、こうした「タイパ逆転」現象は世間で多く起こり、管理職の魅力を減じています。「自分の仕事を時給で計算したら、とてもやってられないよ」という声は、多くの管理職から聞かれますし、もはや「タイパには目をつぶることにしている」という人も多く目にします。企業は、この「タイパ逆転」が自社でどのくらい起こっているのか、月額給与と残業時間のデータを使って一度計算してみることをおすすめします。意外なほど多くの従業員に起こっていることに気がつくはずです。

順々に消えていく「期待の若手」

を確かめてみましょう。

管理職意欲の国際比較

「罰ゲーム」の状況は、どの立場から見るかによって姿が変わります。先程、管理職と「非管理職」の賃金差について少し触れましたが、ここでは、その「非管理職」から見たときの状況を確かめてみましょう。

近年、日本の管理職の求心力、魅力が落ちているという事はしばしば指摘されてきました。**図表11**はパーソル総合研究所が行った国際調査のデータです。ご覧の通り、日本は各国と比較し、管理職になりたいと思っているメンバー層の割合が21・4%と、断トツの最下位となっています。意識調査において、日本で控えめな回答傾向がでることはよくあるのですが、それにしても他国と大きな差があります。単純な比較から少し数字を操作してみると、状況はより立体的に見えてきます。例えば日本の管理職意欲の男女比率を見ると、男性を1としたときの女性の意欲が0・57。女性の管理職意欲は、男性の意欲のおおよそ半分強です。他の国は0・7を切っているところすらありません。

また20代の管理職への意欲を100としたときの、年代ごとの管理職意欲の国際比較（**図表12**）を見ると、日本の異常さがさらに際立ちます。管理職への意欲が、日本だけ40代から一気に下がるのです。その他の国では40代と50代以上計でも横ばいの国が多くあります。横ばいということは、働いている限り、管理職を目指し続ける人が多いということです。日本は、**適齢期に管理職になれなかった人は、もうそこでキャリア上昇を諦め、「管理職になれなかった人」として自己認知し始める国だということです。**

こうした意識を時系列でも確認してみましょう。日本生産性本部が実施している新入社員についての調査の、平成最後の10年間のデータを見ると、昇進について「どうでもよい」という回答だけが高まっています。この期間は女性活躍推進が進められた10年でもありますが、皮肉にも男女ともに「どうでもよい」が上がっています（図表13）。

同様に経年比較が可能な、博報堂生活総合研究所による長期時系列調査「生活定点」のデータを見てみると、「会社の中で出世したい」という設問に肯定的な回答をする人は、１９９８年の19・1％から徐々に低下し、２０２２年には13・2％となっています[2]。

日本は、管理職への出世に魅力を感じる人が少なく、特にこの20～30年ほどでより少なくなってきていることは明らかです。

さらに「管理職になれなかったベテラン社員」の意欲の落ち方、そして女性の意欲の相対的な低さというジェンダー格差も、日本の管理職問題が国際的に見ても特異であることを示しています。

図表11　管理職になりたいと思っている人の割合

※スコアは、「そう思う」「ややそう思う」の合算値

	回答者数	全体(%)	男性(%)	女性(%)	男性を1とした時の女性の意欲(比率)
1位　インド	94	**86.2**	87.0	85.4	**0.98**
2位　ベトナム	360	**86.1**	88.2	84.2	**0.95**
3位　フィリピン	402	**82.6**	79.8	84.9	**1.06**
4位　タイ	417	**76.5**	76.7	76.3	**0.99**
5位　インドネシア	361	**75.6**	73.3	77.8	**1.06**
6位　中国	383	**74.2**	81.6	67.6	**0.83**
7位　マレーシア	294	**69.0**	77.3	62.7	**0.81**
8位　韓国	410	**60.2**	62.7	58.5	**0.93**
9位　台湾	580	**52.2**	57.6	48.4	**0.84**
10位　香港	577	**51.3**	57.9	45.4	**0.78**
11位　シンガポール	419	**49.6**	58.1	43.7	**0.75**
12位　オーストラリア	487	**44.8**	51.9	40.3	**0.78**
13位　ニュージーランド	549	**41.2**	47.8	36.5	**0.76**
14位　日本	387	**21.4**	26.8	15.2	**0.57**

出所：パーソル総合研究所「APAC就業実態・成長意識調査」(2019年)

図表12　管理職意欲と年代の国際比較

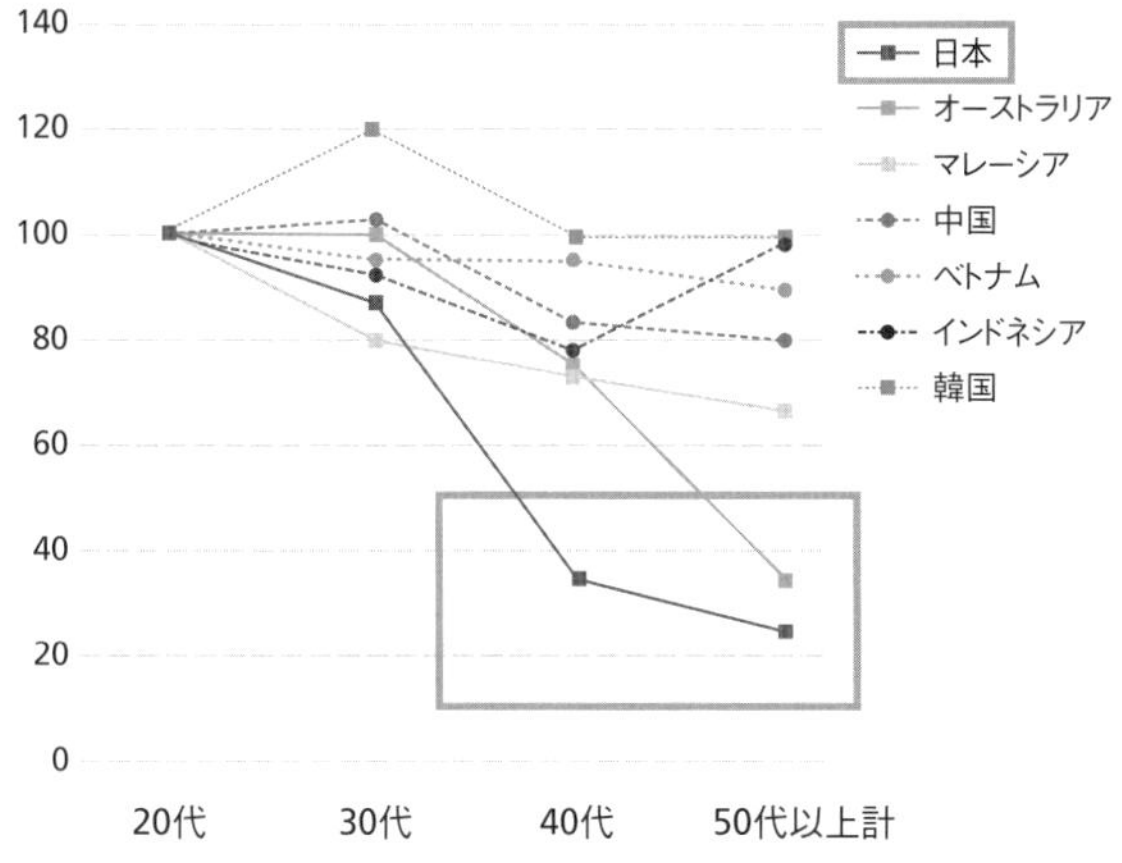

出所：パーソル総合研究所「APAC就業実態・成長意識調査」(2019年)

図表13　新入社員の昇進に対する意識

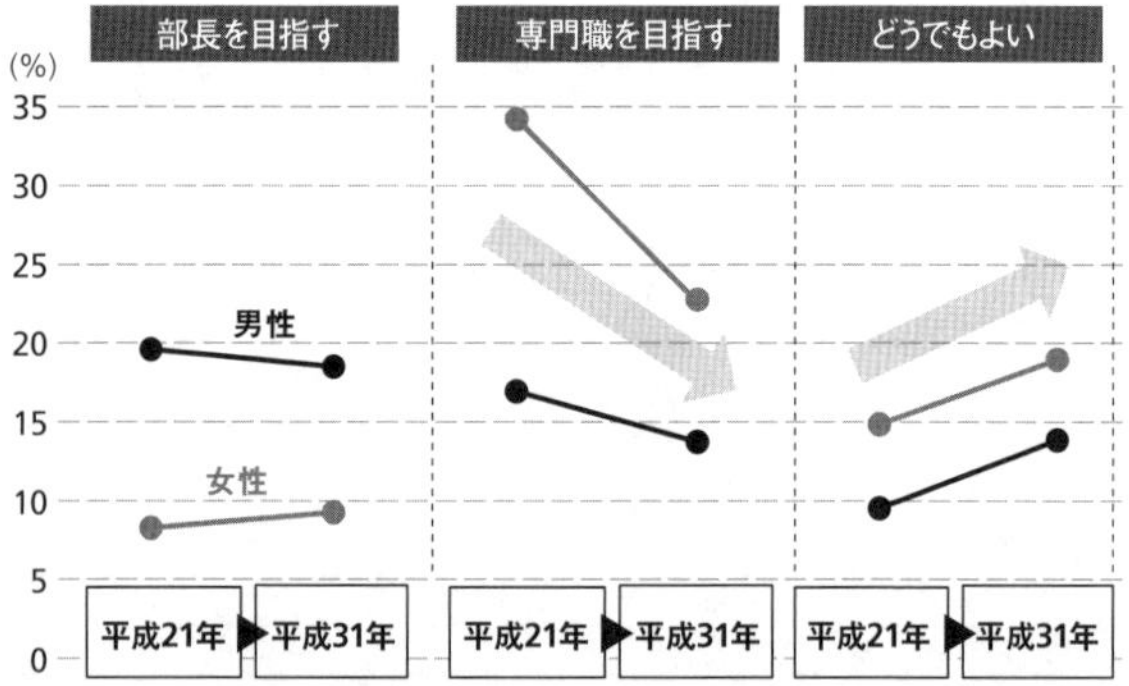

出所：日本生産性本部・日本経済青年協議会「平成31年度　新入社員『働くことの意識』」調査より筆者が作成

消えていく「次のリーダー候補」たち

若手にとって管理職が「罰ゲーム」になると、組織・会社の「次世代リーダー」が育ちにくくなるという問題が生まれます。

次世代リーダーの育成は、企業の「人」に関わる課題の中で、最も大きな部類のものです。例えばHR総研の実施している企業調査（人事の課題とキャリアに関する調査）では、どの企業規模でも「次世代リーダー育成」が、直面している課題の断トツ最上位です。少し先の「3～5年後の課題」でも同じです。他の多くの調査でも同様の傾向が見られ、幹部層候補や次の経営リーダーの育成は、近年の日本企業が抱える差し迫った問題と言えるでしょう。

さらにここ数年、安定した大手企業から優秀な若手が続々と辞めている、という話をよく耳にします。「うちは優秀な若手から辞めていくんですよ」という話が、そこかしこで聞かれます。安定企業で将来有望とされていたキラキラした若手が、スタートアップ企業などに転職していくのです。ベンチャーキャピタルの発達によって、スタートアップ企業が徐々に高待遇化してきたこともあるでしょう。

管理職になる人が減り、一般社員との給料の差がなくなり、「タイパ」も悪くなれば、その会社で出世するインセンティブが下がりますので、早めに辞めてしまう若手が増えて当然です。年功的な賃金のフラット化が早期離職につながることは、すでにいくつかの実証研究でも示されてきています。[3] 20年も会社に奉仕した挙げ句に大した給与も貰えず、部下とのコミュニケーションで苦労ばかりする環境よりも、同年代の仲間たちと切磋琢磨しているスタートアップ企業のほうが魅力的に映るのは仕方のないことでしょう。

死に至る管理職　管理職と健康問題

管理職の死亡率の逆転現象

2019年、英国の疫学・公衆衛生専門誌「Journal of Epidemiology and Community Health」に、衝撃的な研究が発表されました。**その内容は、「日本では一般職よりも管理職のほうが死亡率が高い」というものです。**[4]

この研究は、日本・韓国・欧州８カ国（フィンランド、デンマーク、イングランド／ウェールズ、フランス、スイス、イタリア、エストニア、リトアニア）の過去25年間の変化について国際共同研究をしたものです。日本からは東京大学の研究者が参加しています。

この研究では、欧米では一般的に管理職や専門職の死亡率がその他の職種よりも低いのに対し、日本においては１９９０年代後半に管理職男性の死亡率が上昇したことが報告されています[5]（図表14）。普通に考えれば、管理職のほうが、健康に割けるリソースが多くなりそうです。経済的な余裕があるほど、ジムに行ったり健康的な食事を摂ることができそうですし、社会的地位が高いほうが、健康への意識も高くなりそうです。

しかし、日本は死亡率という点でその関係が逆であることが示されたのです。男性の管理職の死亡率は１９８０年代から１９９０年代中頃にかけては他の職種に比べて低い状況でしたが、１９９０年代後半を境に死亡率が大きく上昇し、他の職種と傾向が逆転したということが報告されています。経済的な不況とともに、管理職の死亡率が逆転してしまったのです。特にそこで増えた死因が「自殺」だと言われています。２０２０年の日本の自殺者数は２万１０８１人で、先進国の中でもいまだにトップクラスです。また、バブル後の自殺者急増は「経済・生活問題」を抱えた中高年男性よるものが大きいことがわかっています。経済的不況とともに働き盛りの管理職の自殺が増えてしまったのです。

図表14　管理職とその他の職業の年齢調整死亡率の経年変化（男性30 ～ 59歳、全死因、1980 ～ 2010年）

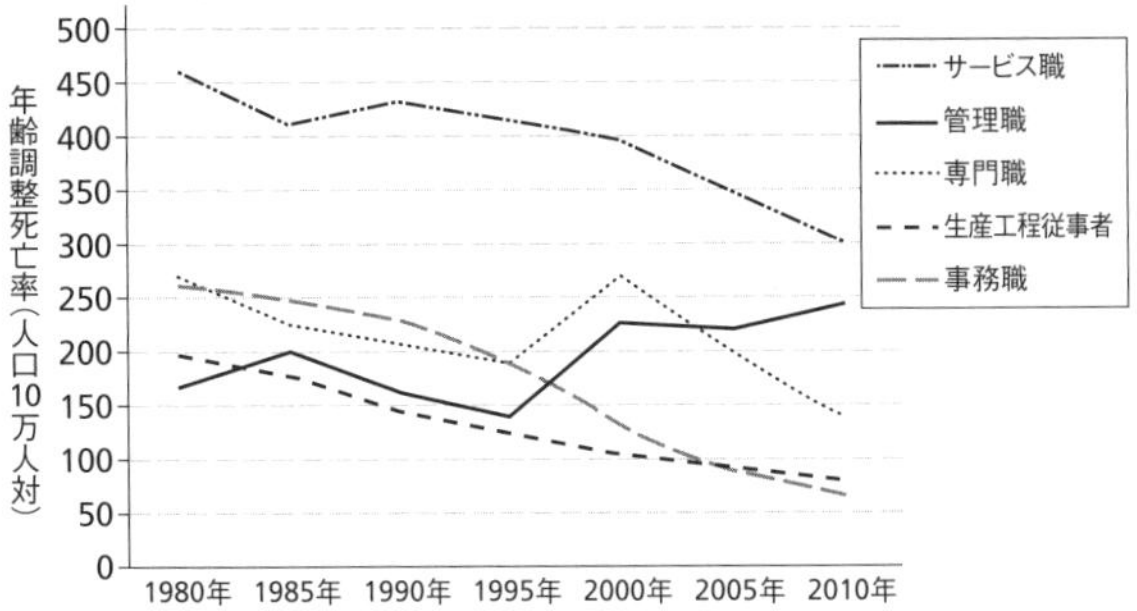

出所：「日本労働研究雑誌」2020年12月号（No.725）、「管理職の健康――他職種との比較, 時代的変遷, 今後の課題」（田中宏和、小林廉毅）をもとに作成

せっかく管理職に昇進したにもかかわらず、寿命を縮めてしまうのであれば、「罰ゲーム化」という現象は「苦労するね」「大変だね」程度で済まされるものではなくなります。この因果関係の細かな解明は、今後も強く求められるものです。

高負荷の管理職のストレス

パーソル総合研究所の調査でも、負担感が高い状態で働いている管理職は、そうでない管理職と比べて、心身の健康状態が目に見えて悪化している様子が見られます。こちらはあくまで本人の主観的な症状ではありますが、「ストレスを感じることがある」「疲労が溜まっている」という感覚的なものから、「睡眠不足」「肥満」「生活習慣病」といった症状まで、すべて負担感の高い管理職のほうが多くなっています。

管理職の「罰ゲーム化」は、会社の経営上の問題だけでなく、人の人生を丸ごと狂わせる心身へのダメージにつながりかねないということです。人は、ビジネス・パーソンとしてはいつか引退していきますが、体と心は一生涯で一つです。この「罰ゲーム」が、自殺や病気といった重大なリスクを高めるのであれば、**それはすでに大きな社会課題**です。

管理職の苦境は、環境問題や貧困問題のような社会的イシューとしての「わかりやすさ」や「共感されやすさ」を持ち合わせていません。多くの管理職は、組織の序列では上位者であり、賃金も多くもらっています。多くの人は、そうした管理職の負荷に対して無関心です。管理職問題はあくまでビジネスや会社運営上の問題であり、**「管理職を救う」といったミッションは、社会的なものになかなかなりません。**

しかも、その共感の得られなさからか、管理職本人もなかなか声を上げようとしません。プライドが邪魔して助けを求められなかったり、組合員ではなくなったため労働組合に相談できなかったり、家族を支えたり会社の部下を守るために、様々な重圧を受けながら孤独にこの問題に対処することは、むしろ悲劇につながりかねません。

「覚悟」する男性、「退避」する女性

「罰ゲーム化」が、女性活躍のハードルに

管理職は「特に誰にとって『罰ゲーム』に見えるのか？」という視点について、さらに解像度を上げてみると、「罰ゲーム化」のさらなる悪影響が見えてきます。会社のメンバー層の中で「罰ゲーム」の状況に最も影響を受けるのは、他でもない「女性」です。

ここまで見てきた管理職の負荷をめぐる状況の多くは、性別に限らず一般的に起こっている現象です。しかし、それでも**この「罰ゲーム化」現象は、男性よりも女性の活躍をより阻むことになります。なぜでしょうか。**

86年の男女雇用機会均等法施行から40年近くが経過し、「女性活躍推進」の名のもとに、企業は自社の女性管理職の比率を上げるための施策を様々に実施してきました。今、注目が集まる人的資本開示の中でも、ジェンダー・ギャップの指標開示は大きなポイントの一つです。そこでも「女性管理職比率」は極めて重要な指標になっています。しかし、「罰ゲーム化」した管理職は、職場のジェンダー・ギャップ縮小の大きなハードルになってしまうのです。

今、女性活躍を課題に掲げる企業に話を聞くと、企業は口をそろえて「女性に意欲が無いので困っている」と言います。管理職の女性比率は会社によって違いますが、パーソル総合研究

所の「女性活躍推進に関する定量調査」でも、あらゆる段階の企業に共通して見られたのがこの男女の意欲格差の問題でした。

企業の昇進レースから、女性の側から徐々に抜けていき、いざ数少ない女性候補者を登用しようとしても、本人から断られてしまって打つ手なし……。日本企業の女性活躍は、このようにして行き詰まります。しかし、これを意欲の低い女性のせいにするのは、まったくもって論理の倒錯です。**今の管理職は、女性にとって「意欲を必要としすぎる」ものになっている。そのことを直視する必要があります。**

ライフイベントを機に変化する働く意識

この問題を、もう少しデータを見ながら考えてみましょう。日本は、男女の家庭内役割規範がいまだにとても強い国です。その影響で、「結婚」「出産」というライフイベントを機に、男女の就業意識がそれぞれ全く別のものになることがわかっています。

例えば、ライフステージごとの就業意識のデータで男女のギャップを見れば、育児期間における「給与」と「勤務時間」の重視度で男女差が最も大きくなります（図表15①、②）。未婚の期間は、男女の働く意識はあまり変わりませんが、**結婚後には男性は「お金」重視に、女性は「時間」と「休み」重視へと大きくシフト・チェンジ**するのです。

男性の立場から見てみましょう。若い頃は「出世なんて興味ないよ」と冷めた目で昇進レースを眺めていても、**結婚した男性は、この管理職という「罰ゲーム」に乗り出し、戦う「覚悟」を決めていきます。**「結婚」というライフイベントをきっかけとして、家庭の領域は「守るべきもの」になり、「家計の大黒柱にならなければならない」という意識が強くなります。実際、データを見ても、既婚後の管理職意向は上がり、女性との格差が開きます（**図表15③**）。また、社会学者の山田昌弘氏が指摘する通り、「仕事ができる」ということは男性にとって異性からモテるための一つの要素です。[6] 管理職の適齢期になってもなお昇進しないことは、男性としての異性からの魅力を減じてしまう可能性があります。一方、男性から見た女性の魅力度に、「仕事ができる」ということは相対的にはあまり関連しません。

このようなプライベートな性愛意識を含んだ意識の違いによって、管理職意欲のジェンダー・ギャップが、結婚というライフイベントをきっかけに再生産されてしまうのです。

負荷が上がりすぎた管理職ポジションは、女性にとって「罰ゲーム」を超えた「無理ゲー」になり、逆に男性にとっては「覚悟を決めて挑む」そう簡単には「降りられないもの」となっていきます。こうして、管理職への男女の意欲の差は入社後に徐々に大きくなっていきます。「女性に意欲が無い」問題の背景には、このような意欲差を生んでしまう構造が厳然と存在しているのです。

図表15 ライフイベントを機に変化する意識

※20-30代の子どもがいる従業員に対して、4つのライフステージにおける重視点を確認。各ライフステージで重視するもの上位3位率（%）。

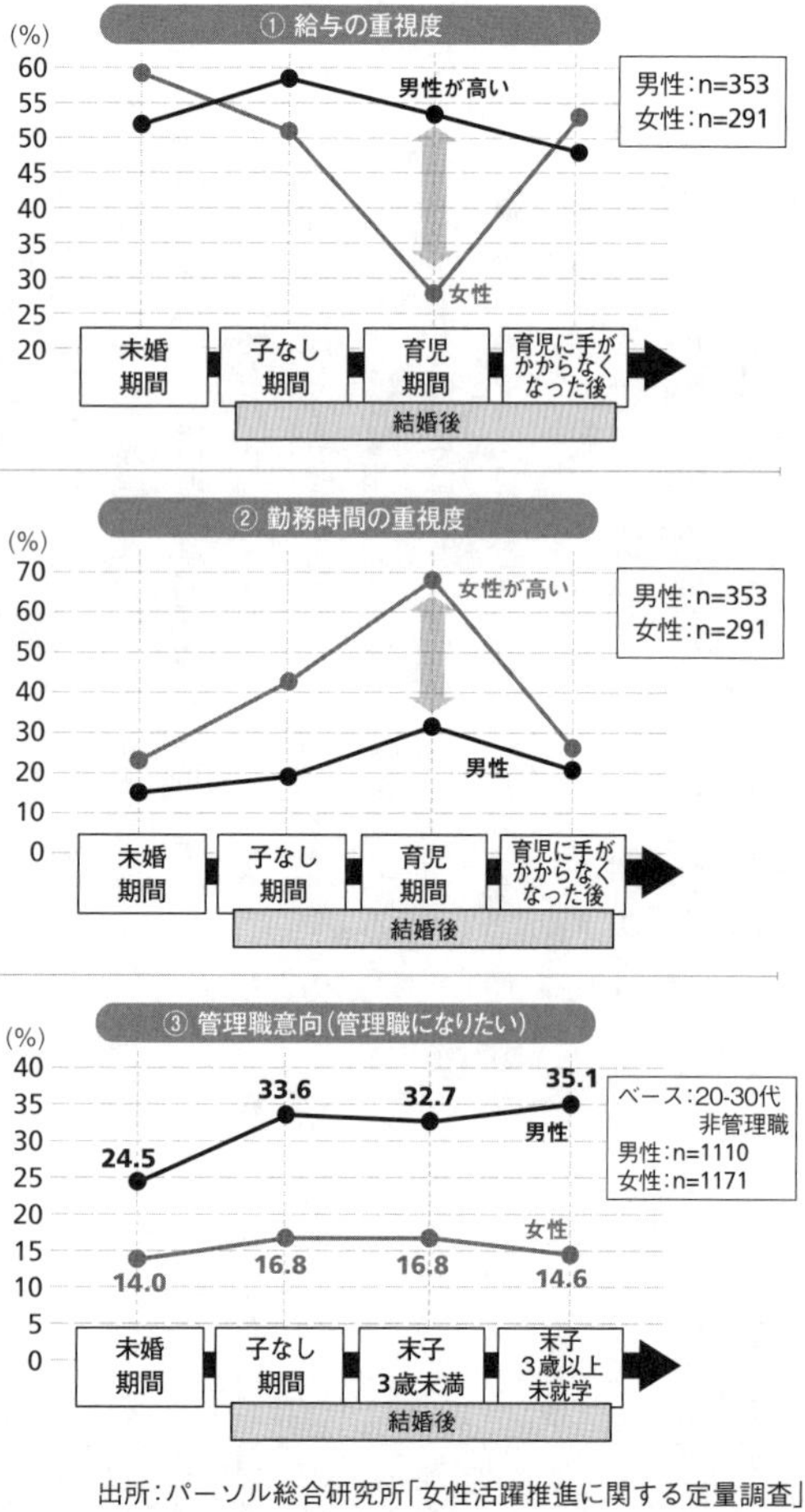

出所：パーソル総合研究所「女性活躍推進に関する定量調査」

ジェンダー・ギャップによる「延命」？

女性は管理職になったあとも、女性ならではの苦労に苛まれることが多くあります。管理職と、家庭の家事育児の両立に苦労する声は圧倒的に女性から多く聞かれますし、社内でも女性のロールモデルがいないことでやりにくさを感じています。実際の声を紹介しましょう。

「女性の管理職者がほとんどいなくて、周囲の目が気になっていた。特に男性社員から蔑視（比較）されることが多々あるため、仕事のやりにくさを感じる」（48歳、女性、卸・小売業）

「女性として、家庭と仕事のバランスを保って維持するのが大変である」

（41歳、女性、金融・保険業）

逆説的に言えば、**「罰ゲーム化」してもまだ管理職のなり手が現れてきているのは、日本社会に残っているこうした大きなジェンダー・ギャップのおかげだ、という言い方もできます。**つまり、性別役割分業意識を背景に、仕事を通じて女性にモテたり、妻子を経済的に支えようとする、マッチョで男性的な規範があることによって、たとえ管理職が「罰ゲーム化」しても、「大変だが、やってみよう」と覚悟を決めていく男性が現れてくれるからです。

しかし、ここまで述べてきたように管理職が「徐々に大変になっているのに、報われない」

ポストになっていることを考えれば、男性にいつまでも期待はできません。

いまや「趣味のサーフィンのために海沿いに家を買うので、マネジャーにはなりません」「副業で稼いでいるので、会社で管理職なんて絶対にやらない」と言い切る男性が、続々と現れてきています。「男性なら会社での昇進を目指すのが当たり前」という意識も薄れていっています。これからより一層ジェンダー・ギャップが埋まり、「罰ゲーム」に「覚悟」を決める男性が少なくなっていくとき、管理職の次のなり手は現れるでしょうか。そのとき、会社は女性側に「覚悟」を求めるのでしょうか。

【理論編①】　学術研究に見る管理職の役割

テイラーの科学的管理法と近代マネジメントの始まり

理論編①では、学術研究の領域で管理職・現場マネジャーがどのように扱われてきたのかを見ていきましょう。

近代組織に今と同じような意味でマネジメントというものが考えられ始めたのは、それほど昔のことではありません。嚆矢とされるのが19世紀に活躍したフランスの鉱業エンジニアであるアンリ・ファヨール（1841〜1925）です。彼はマネジメントの「14の管理原則」を発表、マネジメントの基礎的かつ普遍的な特徴を明文化したことで知られます。

ファヨールが近代的マネジメントの思想的な意味での生みの親だとしたら、「実践」的な父は、**20世紀初頭にアメリカで活躍したフレデリック・テイラーです。**

テイラーは工場労働者の観察を通じて、生産作業を客観的・科学的な視点で分析し管理することで、組織全体の作業効率の向上を目指しました。そこで編み出されたのが、**世界中に多大なる影響を与えることになった「科学的管理法」**です。

科学的管理法は、一定時間で行う作業の標準量を設定したり、作業の手順や方法をマニュアル化するといった具体的な手法に支えられた、マネジメントの「科学」です。結果として高い能率を達成した労働者には高賃金で報いるという「能率給」という仕組みも生まれます。

このような工業製品の科学的な作業のマネジメントは、多方面に強い影響を与えました。また、同時代のヘンリー・フォードによるT型フォードの大量生産ラインも、緻密な作業分担の実現によって世界的成功を収め、グローバルな規模で次々に追随者を生んでいくことになります。

しかし、科学的管理法のように、作業の効率性を追い求めるシステマティックなマネジメントは、標準や平均といった統計的発想に支えられながらも、個人の多様性を見つめることやホワイトカラーの複雑な業務領域には、あまりフィットしませんでした。学術研究の世界でも、「人間関係論」という領域が発達し、会社という組織が高度化するに従って、より複雑な役割が管理職に求められるようになっていきます。

ミンツバーグによるマネジメントの役割整理

現場管理職の問題に接近するその後の「マネジメント論」の大家といえば、**ヘンリー・ミンツバーグ**です。実務家からも人気のある偉大な経営学者であるミンツバーグは、『マネジャーの仕事』（1993年、白桃書房より邦訳）、そしてその改訂版である『マネジャーの実像』（2011年、日経BPより邦訳）において、マネジメントの役割を、**現場業務から遠い順に「情報の次元」「人間の次元」「行動の次元」の3つに整理しました**（図表16）。

「情報の次元」は情報を収集し、コントロールし、コミュニケーションすることでメンバーに行動をとらせること。「人間の次元」は人々の背中を押し、本人が自発的に望んで行動するよう促すことや、組織外の人々とネットワークを作り関わっていくこと。「行動の次元」は、プロジェクトの管理やトラブルの対処、対外的な取引など、マネジャー自身が具体的・積極的に行動すること。マネジメントとは、この3つの次元の役割をすべて果たすことであり、マネジャーはこの3つの次元のバランスを「たまご」のように円満に保つ必要があると指摘しています。

こうした分類は、マネジメントの行動分類としては、それほど特異なものでもありませんし、「うまく整理された箇条書き」の枠をでるものではありません（それはそれで有用な場合もありますが）。本章の冒頭で紹介した、経団連の整理と比べて見ても、何かが得られるということもないでしょう。

ミンツバーグのマネジメント論の真骨頂は、こうした役割を遂行するにあたって**マネジャーが直面する「ジレンマ」を紹介していることです。**

例えば、「思考のジレンマ」の一つとして挙げられている「上っ面症候群」は、目の前の仕事を表面的に処理するのに追われて、物事の深い理解がなされないというジレンマです。「情報のジレンマ」では、現場を見て回ることができなくなるマネジャーが下の階層と断絶されることで、組織の「縦割り」ならぬ「横割り」が起きることが指摘されています。

こうした「ジレンマ」の存在は、管理職の負荷問題が管理職の役割そのものに貼り付いていることを極めて説得的に教えてくれます。こうした「ジレンマ」とそれについての解決方法の提示は、多くの示唆に富んでいますので、ご興味ある方は、一度ミンツバーグの

図表16 **ミンツバーグによるマネジャーの役割の分類**

	仕事の基本設定　スケジュールの決定	
	対内	対外
情報の次元	**コミュニケーションの役割**	
	モニタリング活動 情報中枢	スポークスパーソン活動 情報中枢 情報拡散活動
	コントロールの役割 設計 委任 選定 分配 想定（目標の設定）	
人間の次元	**内部の人々を導く役割** メンバーのエネルギーの活性化 メンバーの成長の後押し チームの構築・維持 組織文化の構築・維持	**外部の人々と関わる役割** 人的ネットワークづくり 組織の代表 情報発信・説得 内部への情報伝達 緩衝装置
行動の次元	**内部でものごとを実行する役割** プロジェクトのマネジメント トラブルへの対処	**対外的な取引をおこなう役割** 同盟関係の構築 交渉

出所：ヘンリー・ミンツバーグ『マネジャーの実像』（日経PB）より

本を手に取ってみることをお勧めします。

近年のトレンドとリーダーシップ研究

さて、もう少し近年のトレンドを専門家の研究から見てみましょう。海外のマネジャー研究をレビューした坂爪洋美氏は、近年の**管理職には「対話の重視」と「サポーティブなリーダーシップ」**が求められるようになったという役割の変化を指摘しています（「日本労働研究雑誌」２０２０年12月号「管理職の役割の変化とその課題――文献レビューによる検討」より）。

つまり、**管理職自身が率先して意思決定を行っていくよりも、部下と問題の解決策について話し合っていくタイプが求められるようになった**ということです。人間を理解し、話しやすく、部下と話す時間を取るような上司が、優れたリーダーとされるようになってきたことが指摘されています。

「マネジメント」とともに学術的に探究されてきた「リーダーシップ」の研究にも、同様に時代ごとのトレンドが存在します。ごく簡単に述べれば、初期のリーダーシップ研究は、「リーダーに必要な個人的資質や能力」を明らかにしようとし、その後、「優れたリーダーがとっている具体的行動」を探るものへ変化し、70年代から現代にかけては、「状況に応じた、多様なリーダーの在り方」が模索され、統制的ではない、対話や民主的な態度を重視したリーダーシップが注目を集めてきました。

例えば、ロバート・K・グリーンリーフによって1970年代に提唱された「**サーバント・リーダーシップ**」[7]が理想とするのは、いわば「奉仕するリーダー」です。サーバント・リーダーシップの議論は、リーダーが自己の利益や成功よりも、他者に奉仕することに焦点を当てます。多様な部下の考え方に共感を示しながら、個々の力を最大にできるよう支援することで、目標達成を目指すタイプのリーダーシップです。

また、日本でも注目され始めてきた「**シェアド・リーダーシップ」の議論**では、リーダーの役割を単一の人物に集中させるのではなく、メンバー全体に当てはめます。[8]職場のメンバーが、必要なときに必要なリーダーシップを発揮し、誰かがリーダーシップを発揮しているときは他のメンバーはフォロワーシップに徹するような職場の状態です。

こうしたリーダーシップやマネジメントのトレンドと合わせて考えると面白いのは、よく知られた日本の「理想の上司」のイメージです。明治安田生命は、社会人となる学生を対象にした「新入社員が選ぶ理想の上司」アンケートを行っていますが、2023年の「**理想とする男性上司」は、7年連続で、ウッチャンナンチャンの内村光良**だったそうです。

テレビで見る内村さんは、物腰が柔らかく、人の話をきちんと聞いてくれそうなイメージです。ちなみに、産業能率大学総合研究所もほぼ同様の調査を毎年行っており、今から20年前の2003年度の理想の男性上司1位は北野武です。2004年度は星野仙一、2005年度は古田敦也です。どちらかと言えば、強力なリーダーシップで叱咤激励しながら集団を引っ張っていく人物像が求められていたといえるでしょう。

この20年間で表れている理想の上司像の変遷からも、世間で求められる上司像が、部下から敬意を持たれ尊敬されるようなキャラクターから、しゃべりやすく、柔和かつ親しみやすいキャラクターへ変化していることが感じられます。

さらに近年の管理職の役割トレンドとして注目すべき点は、**会社の人事施策の効果を左右する存在としても、管理職が重要な役割を担うようになってきた、という指摘です。**会社の人事的な施策の成功も、管理職の行動次第、とされるようになってきたということです。

このことは近年の日本企業でもよく感じられることです。企業が行う人事施策、例えば働き方改革や女性活躍推進、テレワーク推進などの施策において、ことごとく「やはり現場マネジャーが大事だ」と言われ続けています。

このことが、管理職問題をさらにややこしく、出口の見えないものにしているため、第2章以降で詳しく取り上げていきます。

1 大井（2005）では、1979年から2004年までの管理職と一般職の相対賃金を調べ、同様の結果を得ている。また、この論文では各種公式統計における「管理職」の範囲や定義についても詳細な議論が行われており、詳しく知りたい方は参照されたい。

2 大井方子〝数字で見る管理職像の変化〟日本労働研究雑誌　2005, 545: 4-17

3 博報堂生活総合研究所「生活定点」調査　https://seikatsusoken.jp/teiten/

4 「賃金プロファイルのフラット化と若年労働者の早期離職」村田啓子（首都大学東京）／堀雅博（一橋大学）RIETI Discussion Paper Series 19-J-028

5 東京大学プレスリリース「日本と韓国では管理職・専門職男性の死亡率が高い」http://www.m.u-tokyo.ac.jp/news/admin/release_20190529.pdf

田中宏和・小林廉毅〝管理職の健康——他職種との比較、時代的変遷、今後の課題〟日本労働研究雑誌　2020, 725: 82-98

※ここで言う管理職とは、日本標準職業分類（大分類）における管理的職業従事者であり、生産や販売の現場ではなく、オフィスにおいて、専ら経営体の全般又は課（課相当を含む）以上の内部組織の経営・管理に従事するものを言います。

Tanaka, H., Toyokawa, S., Tamiya, N., Takahashi, H., Noguchi, H. and Kobayashi, Y. (2017) "Changes in Mortality Inequalities Across Occupations in Japan: A National Register based Study of Absolute and Relative Measures, 1980-2010, "BMJ Open. 7(9) : e015764

6 山田昌弘、2016、『モテる構造——男と女の社会学』、筑摩書房

7 Liden, Robert C., et al. "Servant leadership: Development of a multidimensional measure and multi-level

assessment." The leadership quarterly 19.2 (2008): 161-177.

8 Avolio, B. J., Jung, D. I., Murry, W., & Sivasbramaniam, N. (1996). Building highly developed teams: Focusing on shared leadership process, efficacy, trust, and performance. In M. M. Beyerlein, D. A. Johnson, & S. T. Beyerlein (Eds.), Advances in interdisciplinary studies of work teams: Team leadership, Vol. 3, pp. 173–209). Elsevier Science/JAI Press.

石川淳、２０１６、『シェアド・リーダーシップ——チーム全員の影響力が職場を強くする』、中央経済社

第2章 【解析編】 管理職の何がそれほど大変なのか

負荷を上げ続けるロング・トレンド

30年続く日本の経営トレンド

さて、なぜ管理職は現状のような苦境に陥ってしまったのでしょうか。「管理職が大変だ」という意見そのものは、以前から存在していています。理論編①で紹介したミンツバーグはあるマネジャーの言葉を借りる形で、管理職のことを「『いまいましいことが次々と降りかかる』仕事」と紹介しています。以前から楽なポジションではありませんでした。

しかし**近年、「罰ゲーム」とまで呼ばれる深刻な状況になってきたのは、地殻変動のような変化が、中長期的なトレンドとして緩く長く続いているからです。**ここからは、中間管理職を取り巻くマクロな環境の近年の動向について整理してみましょう。

図表17は、バブルが崩壊した1990年代から現在まで、特に中間管理職の役割や仕事に大きな影響を与えた変化を一覧にまとめたものです。

図中の上部、経営環境から見ていきましょう。まず挙げられるべきは、**90年代初頭のバブル崩壊から続く経済の長期停滞と人手不足の進行です。**

バブル崩壊以降、この国の一人当たりの実質GDP成長率は、1975年からの年平均4%台から1%台に下落しました。「失われた20年」と呼ばれてきたこの低迷は、令和に入ってか

図表17　中間管理職の役割や仕事に大きな影響を与えた変化

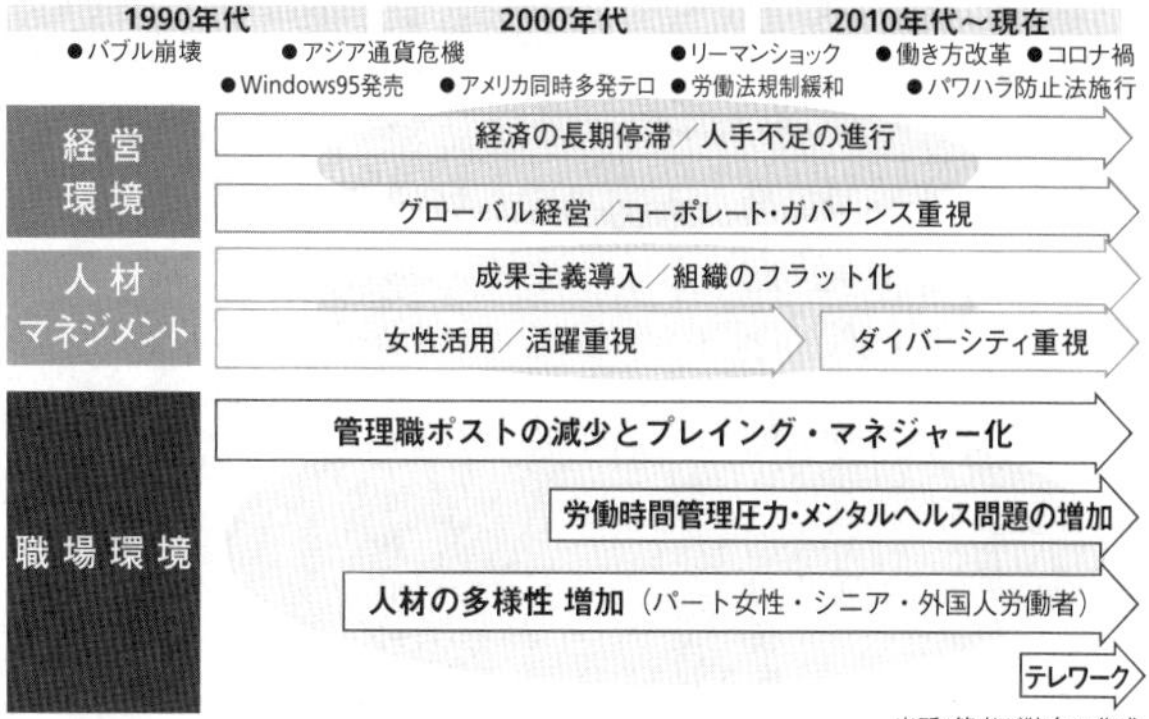

出所：筆者が独自に作成

らは「失われた30年」と囁かれはじめます。

同時に組織の高齢化が進み、賃金の高い中高年社員を多く抱え「人は必要だが、これ以上人件費は割けない」状況になった日本企業は、非正規雇用のパート女性とシニア、そして外国人労働者を低賃金で取り込むことで、どうにか競争力を維持してきました。デフレ環境下に最適化されたビジネスモデルと人材マネジメントが伸張していったのです。

90年代以降は、経済のグローバル化も一層進み、事業の在り方だけでなく、コーポレート・ガバナンスの在り方も大きく変えることになります。それまで中長期的志向の経営であった日本企業も、グローバル水準のコンプライアンスを徹底しつつ、短期志向化する経営サイクルの中で確実に業績を上げ続けなければならなくなりました。海外投資家の存在感が増していく中で、ＳＤＧｓが叫ばれ、ＣＳＲ

(Corporate Social Responsibility／企業の社会的責任）投資が活性化する中で、世間と投資家の目にさらに厳しくさらされてきました。

組織レベルの負荷トレンド

こうした経営環境の変化を受けて、企業の人材マネジメントにも変化が生じます。代表的なものが90年代後半からの「**成果主義**」**と呼ばれるムーブメントです。**短期的業績と従業員処遇をより直接的に紐付ける施策が、多くの企業で導入されていきました。役割等級、年俸制、目標管理制度といった個別給与にメリハリをつける人事制度が中小企業含めて一気に広がりました。

その中で進んだのが、前章でも触れた**組織のフラット化**です（**図表18**）。２０００年代初頭に、組織のフラット化を実施した企業は47・１％にも上りました。[1]

例えば、日本を代表する企業であるトヨタ自動車は、１９８９年に組織のフラット化を進めた結果、課レベルの組織数は７５８から６３３に縮減され、副課長以上の役職者は１８００人から約９００人へと半減しました。[2]

こうした成果主義導入と組織のフラット化により、管理職は、短期的な成果を少人数で達成するよう求められるようになりました。同時に部下のマネジメント業務だけでなく、数字責任

図表18 進行した組織のフラット化

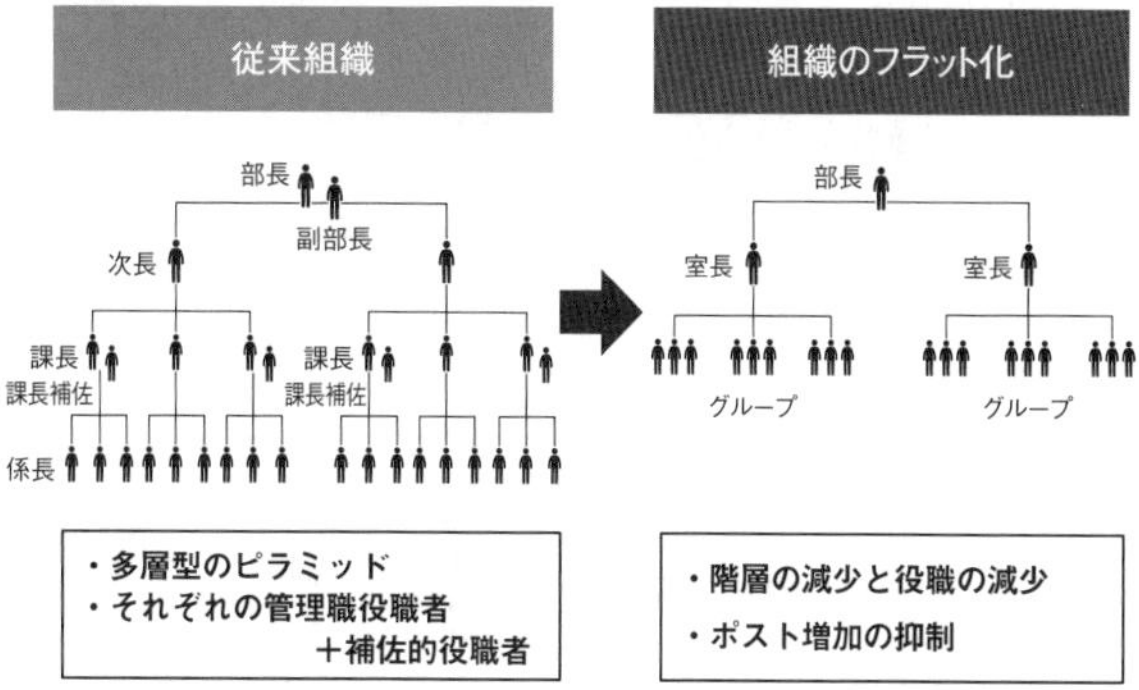

出所：筆者が独自に作成

も持ち、第一線のプレイヤーとして現場に出て汗をかくことも課せられるようになりました。いわゆる**「プレイング・マネジャー化」の進行です。**産業能率大学の調査では、プレイヤーとしての役割が全くない管理職は0・5%で、**99・5%の課長がプレイヤーとマネジャーを兼務していることがわかっています。**[3]

一人の上司が直接管理する部下の人数のことを、人事用語で「スパン・オブ・コントロール」と言います。指示する権限を持つ人の範囲、管掌範囲のことです。一般的には適正な部下の数は6〜7人前後と言われていますが、組織のフラット化は、このスパン・オブ・コントロールの適正範囲をはるかにオーバーするような状況を生み出していきました。

筆者の調査でも、やはり部下の人数が増加するにつれ、管理職一人当たりの役割は増加し、それに伴

図表19　部下人数別・企業規模別に見た、管理職負担感と管理職一人当たりの役割数

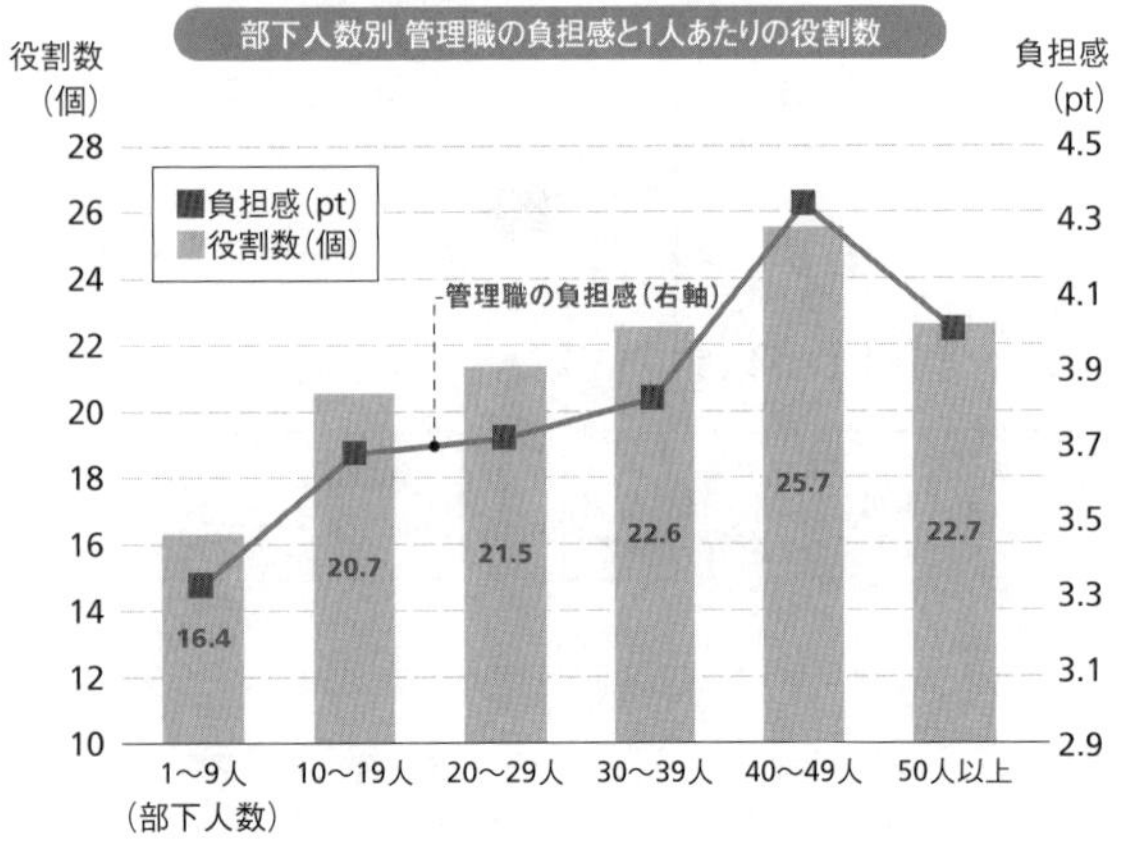

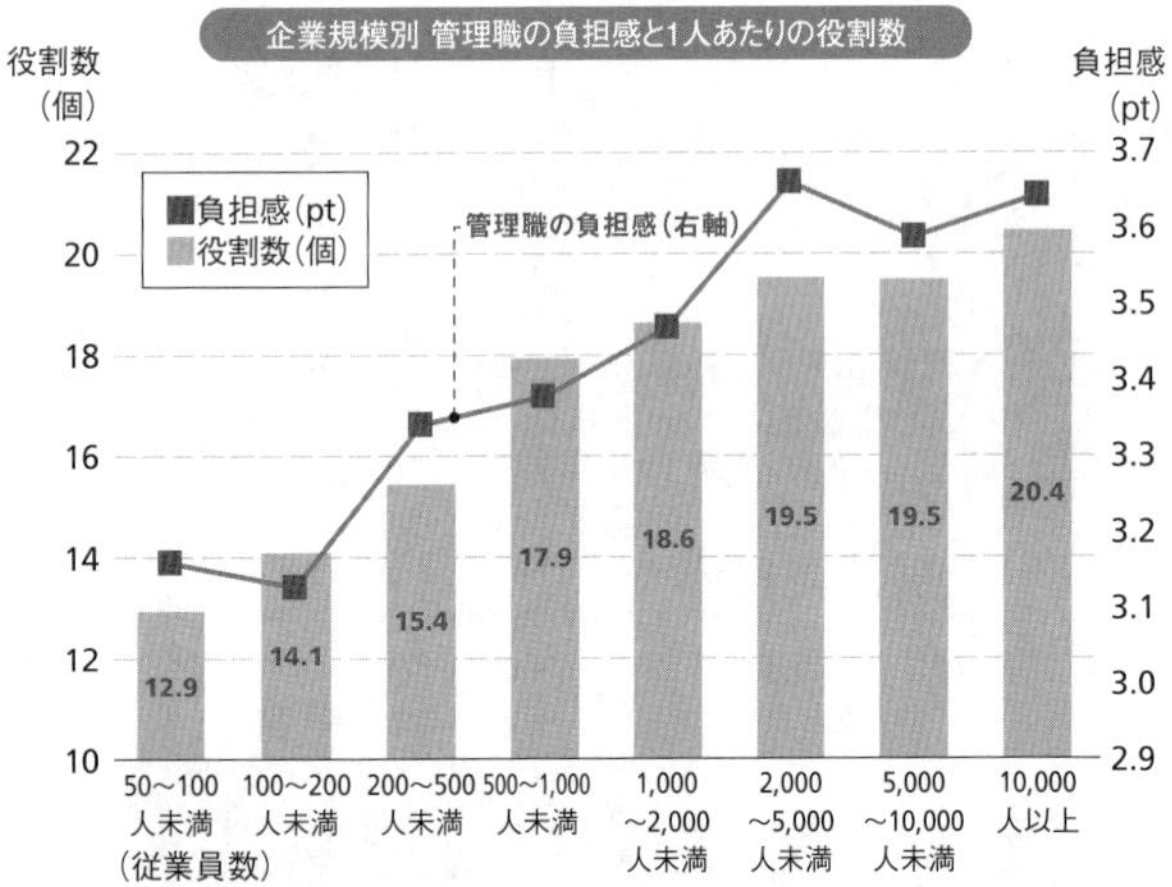

出所：パーソル総合研究所「中間管理職の就業負担に関する定量調査」

って負担感が上がる傾向がクリアに見られました（図表19・上図）。また、企業規模が大きくなるほど管理職のやるべきことは増えていきます。例えば、従業員数50～100人未満の企業で働く中間管理職の役割数は12・9個なのに対し、従業員数1万人以上の企業で働く中間管理職の役割数は20・4個と約1・6倍にもなり、負担感も増加しています（図表19・下図）。

職場レベルの負荷トレンド

徐々にミクロなレベルのトレンドに目を移していきましょう。

職場レベルで指摘できる近年のトレンドの第一は、「ダイバーシティ」です。男性正社員を核として職場の同質性の高かった日本企業も、ダイバーシティ推進と人手不足の波の中で、従業員の属性は雇用形態（パート・アルバイト、派遣社員、再雇用後の嘱託社員など）、年齢、国籍などが多様化していきました。一律的で同質的な集団であれば、やる気の出させ方も、指示の仕方もパターンは少なくてすみますが、今の日本の職場はそうではありません。この「人の多様性」こそが、職場の管理職の負荷を増やす要因の一つです。

「社員、パート、派遣とそれぞれ考え方が違う。仕事の基礎など知識から違うから理解してもらうのが大変」（37歳、女性、医療・介護）

「女性パート従業員がほとんどで、指示したことに対して理解してもらうのに苦労する。わがままで自分勝手に動く従業員が多くて困っている」(57歳、男性、製造業)

高齢化が進む日本の組織では、「年齢」というダイバーシティが生む問題も、厄介なものになっています。「部下マネジメントの困難」という管理職の負荷要因をさらに分解してみると、「部下との世代間ギャップによる意思疎通の困難さ」が強く影響していました。世代間ギャップの中でも、特に「年上部下」の問題は、後ほど詳しく扱っていくことにします。

ハラスメント防止法が「回避型」上司を量産する

部下の同質性が低下したにもかかわらず、従来のマネジメント方法に固執すれば、部下との間に様々なハレーションが生じます。世代間のコミュニケーション・ギャップが生まれ、メンタルに関するリテラシーが高まる中で、人間関係のトラブルによるメンタルヘルスの問題が急速に増えてきました。従業員がメンタルヘルス疾患を発症し、欠勤、休職する職場が後を絶たない時代になったのです。精神障害の労災補償状況を見れば、労災請求の仕組みが整ってきたこともあり、令和4年度の請求件数は2683件にも上り、平成30年度の1820件と比べ1・5倍近く増えました。[4] ここにはハラスメントを原因とするものが多く含まれています。

図表20 職場のハラスメントについて上司が気にしていること

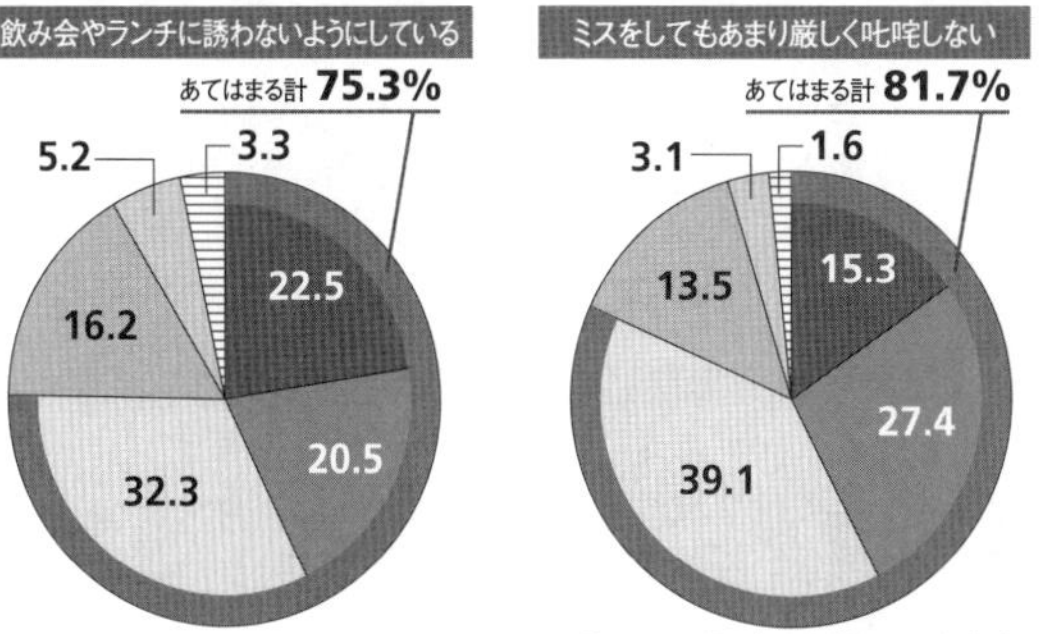

※四捨五入の関係で合計値が合わない場合がある

※【誘わないようにしている】⇔【積極的に誘っている】のどちらに近いかを6段階SD法で聴取

出所：パーソル総合研究所「職場のハラスメントについての定量調査」

こうした中で施行されたのが、**パワーハラスメントの防止措置義務を盛り込んだ労働施策総合推進法（いわゆるパワハラ防止法）です。**職場におけるパワーハラスメント対策が令和2年6月1日からは大企業に、令和4年4月1日からは中小企業に義務化されました。

その一方で、ハラスメントへの意識が高くなることは、組織マネジメントとして看過できない「副作用」を生んでいます。

上司が「ハラスメントにならないこと」を考えすぎた結果、ハラスメント回避的なマネジメントが現場に蔓延してしまっている、というものです。「どこからがハラスメントに当たるのかわからない」「十分なフィードバックができない」という問題が、一気に現場で噴出しています。

「モンスター部下がいて、何か言ってもすぐ悪くとらえる。周りを巻き込み、話を大きくする」
（53歳、女性、卸・小売業）

図表20を見てみると、上司の行動として、「飲み会やランチに誘わないようにしている」が75・3％、「ミスをしてもあまり厳しく叱咤しない」が81・7％という高さとなっています。このような回避的なマネジメント行動は、上司のハラスメントへの意識が高くなるほど増えます。つまり、ハラスメントについて会社が防止策を講じれば講じるほど、現場上司は防衛的な行動に傾いてしまうということです。

上司が部下に、まともにフィードバックもできず、飲み会やランチにも誘えず、仕事を任せることもできない。これでは結局、管理職自身が「仕事を巻き取る」ことにつながります。同時に、部下の育成を阻害し、次の管理職を育ちにくくしています。

働き方改革の「二重の矮小化」

働き方改革で負荷は下がったのか

ここまで見てきたのは、管理職の負荷を上げてきたロング・トレンドです。一方で、その負荷を「下げる」ことを目的とされたトレンドも存在します。2015年頃から実施されてきた「働き方改革」の潮流です。

日本の長い労働時間やそれに伴う「過労死」は、早くから国際的にも問題視されてきました。個人のワーク・ライフ・バランスに対する意識も高まる中で、仕事だけに人生を捧げるような時間の使い方は、働く個人にとっても合理的ではなくなっていきます。そんな中で、従業員の過重労働が「**過労死**」や「**ブラック企業**」といった言葉とともに社会問題化し、長時間労働是正を目的とした、働き方改革という政策パッケージが始まりました。

働き方改革が広く有効に機能すれば、少なくとも管理職の業務負荷も下がるはずです。

しかし、ここで触れたい大問題は、**現在の働き方改革が管理職の負荷を「上げる」方向に進んでいる、という事実です。**データを見ると、「(勤務先の)**働き方改革が進んでいる」と回答した管理職のほうが、そうではない管理職に比べて、業務量自体が増加したと答えています**(図表21)。

「働き方改革が進んでいる」と回答した層ほど、「組織の業務量の増加」などの業務逼迫が「進んでいる」という回答が「進んでいない」という回答を大きく上回っています。企業規模や業態、性別や年齢など、様々な属性を調整してみても、同様の傾向が見られました。もし本当に働き方改革が生産性の向上に寄与しているならば、組織全体の業務負担は軽くなっていて

図表21　働き方改革の推進状況別に見た管理職の負担状況

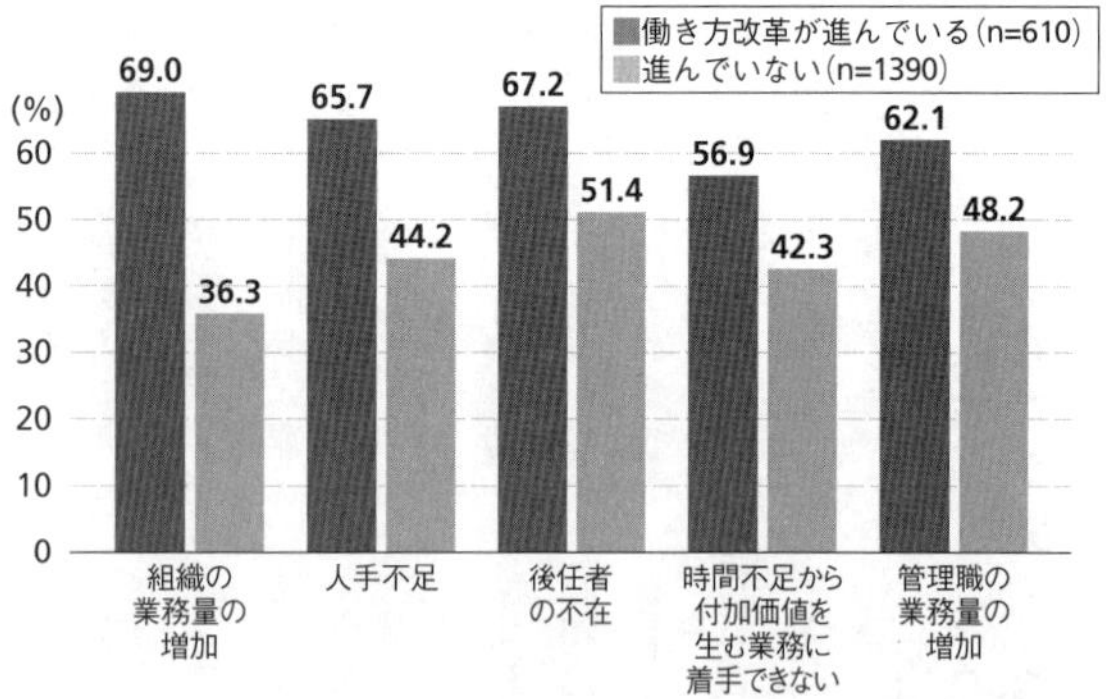

出所：パーソル総合研究所「中間管理職の就業負担に関する定量調査」

も不思議ではありませんが、事態は逆です。

もともと忙しい職場のほうが働き方改革を進めているという可能性も考えられますが、現場管理職の声を聞くと、働き方改革が進んでいる企業ほど管理職が高い負荷を感じているという傾向は、かなり広範に見られます。

「先輩達の昭和的なブラックな働き方（とにかく頑張れ）と、後輩の権利主張の板挟みになる。後輩は、自分がやるべき締め切りのある業務が終わっていなくても終業してしまい、皺寄せが自分に来て、結果残業する羽目になり、プライベートの時間を充てることになる」（51歳、女性、製造業）

働き方改革の二重の矮小化

こうしたことが起こる理由は、**働き方改革の**「二

重の矮小化」にあります。

2019年4月、改正労働基準法が施行され、大企業に時間外労働の上限設定が導入されました。青天井と言われてきた日本の長時間労働に、ようやく「上限」が設定されたのです。これは一つの歴史的なメルクマールでした。

しかしこのとき、企業の現場での働き方改革は、**労働生産性の向上といった本質的な内実を伴う変化ではなく、単なる「労働時間上限設定への対応」へと矮小化**されてしまいました（第一の矮小化）。働き方改革は「働く時間」改革になったのです。多くの企業では、残業の原則禁止やノー残業デーの設定といった「労働時間を上から管理する施策」が続々と行われました。例えば2022年のパーソル総合研究所の調査でも、「退勤管理の厳格化、チェックシステムの導入」は7割の企業が、「ノー残業デーの設定」「残業の原則禁止ないし事前承認制」は4割以上の企業が実施しています（図表22）。

働き方改革のもう一つの矮小化は、**改革の対象を職場全体ではなく、労働時間管理の対象である「メンバー層」としてしまった点**です。その結果、残業手当の付かない管理職は、働き方改革の中で優先順位の低い位置に置かれました。そして多くの現場では、メンバー層を時間厳守で早く帰らせる分、管理職が仕事を引き取らなければならない状況が多く生まれています（第二の矮小化／メンバー層への矮小化）。

図表22　企業が導入した労働時間を管理する施策

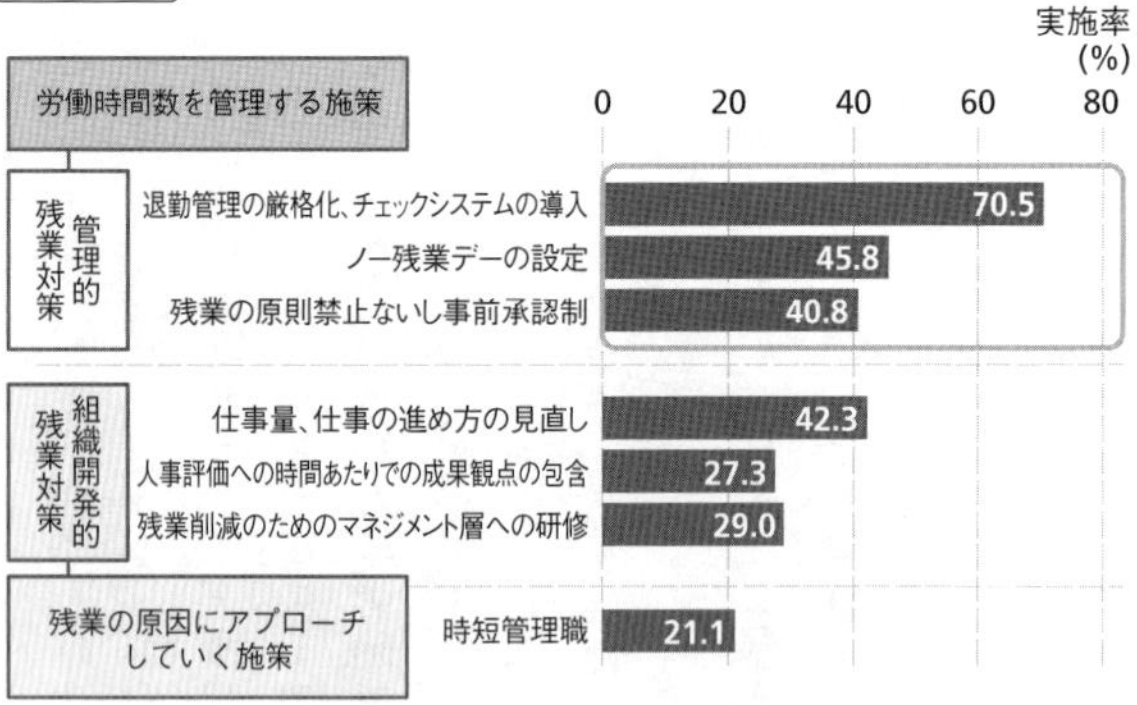

出所：パーソル総合研究所「女性活躍推進に関する定量調査」

コロナ禍によって長時間労働は一時的に激減したため、コロナ禍以前の２０１７〜18年に行った調査のデータを見てみましょう。この時期の調査からは、管理職層のほうが、メンバー層よりも残業時間が長いことがわかっています。特に課長が最も長く、月平均31・8時間もの残業をしています。[5]

長時間労働是正という面で働き方改革が必要なのは、圧倒的に「管理職」であるにもかかわらず、労働時間管理の外にいるため改革の対象にならず、対象は「メンバー層」に絞られる。効率化や業績目標の軟化といった変化が無いままに、会社からの「残業時間を減らすこと」というお達しに従うには、「自分が仕事を巻き取る」しかありません。部下に仕事を押し付けるような管理職は、「失格」の烙印を押されます。

働き方の効率化や労働生産性の上昇という本質を

持っていたはずの働き方改革は、こうして「**労働時間の上限**」と「**メンバー層**」という二重の**意味で矮小化され、そのツケは管理職の肩に重くのしかかっている**のです。

「年功型」と「年輪型」、頭の痛い「年上部下」問題

頭を悩ませる「年上部下」マネジメント

近年の管理職の頭を悩ませる大問題が「**年上部下」問題です。**組織の平均年齢が上がり、ポストオフ後も長く働くようになってきたことで、「年齢は上司よりも上だけれども部下」という50代、60代が増えました。「元管理職の、年上のベテラン」をマネジメントする可能性がかつてよりも、ずっと高くなったのです。これは「たかが年齢」で済む話ではありません。この「年齢逆転」が、どういった意味を持つのか、丁寧に読み解いていきましょう。

バブル崩壊後の人事管理の潮流を一言でまとめれば、「脱・年功」です。年功的に上昇してきた賃金はフラットになってきましたし、等級・グレード（格付け）ごとの標準年齢も撤廃されてきました。近年ブームとなった「ジョブ型雇用」の狙いの一つにも、年功的な賃金上昇を防ぐことがあります。このように、「年を重ねるごとに高い処遇になる」といういわゆる「年功序列」の傾向は希薄になってきました。

しかし、この脱・年功の流れと、組織における「年齢」の重要性が減じることは、イコールではありません。

日本企業に今起こっているのは、いわば「年功型から年輪型へ」の変化です。年輪型とは、「何年入社か」「今、何歳か」という**人に刻み込まれた「年」という過去の属性が、組織内秩序において重要な要素であること**を示す筆者の造語です。

芸人の世界に見る「年輪型」秩序

「年功型」と「年輪型」のわかりやすい例が、「お笑い芸人」の世界です。ご存じの通り、芸人の世界は会社員の世界よりも実力主義的です。デビュー数年で賞レースを勝ち上がり、テレビに出演するような売れっ子の若手もいれば、何十年頑張っても芸人活動だけでは生活できない人もたくさんいます。世間で話題にならない限り、何歳になっても売れることが無い。この意味で、芸人の世界は「年功的ではない」世界です。

しかしそれでも、芸人の世界では「何年にデビューしたか」という「年輪」の秩序は頑なに守られています。先輩ならばいくら売れていなくても後輩にご飯をおごり、後輩は先輩に礼儀正しく挨拶をしなくてはなりません（特に吉本興業の芸人さんにはそうした傾向が強く見られます）。「自分より売れていない先輩芸人」に対してきちんと礼儀を守ることが要求されます。だからこそ、誰が「先輩」で「同期」で「後輩」なのかを互いに細かく確認しあう姿がよく見られます。「何年デビューか」「何歳か」という属性が、コミュニケーションの前提として機能し続ける。これが「年輪型」の秩序です。

「年輪」と「年功」のギャップこそがコミュニケーションコストを上げる

日本は、高等教育において飛び級も留年も少なく、若年失業率も先進国の中でかなり低い国です。高卒であれば18歳、大卒であれば22歳か23歳で就職する割合が高くなります。こうした社会においては、入社直後に年上である24〜25歳の会社員は、新入社員にとって「先輩」です。日本社会は、この年輪のように細かなコミュニケーションの前提が、まるでタトゥーのように刻み込まれ、残り続けます。

「年功型」の組織の場合は、この「入社からの年月」と「年齢」と「組織の中での地位」の3つがそろって上昇していきますので、その秩序が安定しています。「年輪」と「年功」が重なっている状態だからです。しかし、「脱・年功」が進み、年齢と役職が紐づかなくなる一方で、「何年に入社したか」という「年輪」を重視する人間関係は相変わらずこびりついています。

この「年輪」と「年功」にギャップが生まれるとき、上司にとっても部下にとってもコミュニケーションがギクシャクしはじめるのです。

さらに「入社の年輪」と、「生まれて何歳である」という「加齢の年輪」と、「組織内地位」という3つの要素にギャップが生まれたとき、人間関係はかなり混乱します。タメ口と敬語のどちらが適切なのか、「部長」「課長」などの役職呼びをすべきか、「くん・さん呼び」かといった言葉遣いの秩序も乱れます。「年功」は人事制度によってコントロールできますが、この「年輪型」の秩序は制度で消し去ることができず、悪さをし続けます。「年輪型」社会に生きる日本人は、「年上の人」のことを先輩的に扱い続けつつも、指示系統としては立場が上になることによって、気苦労が絶えない状況になります。

「上下関係が逆転するときに従ってくれない、非協力的な人間がいる」（46歳、男性、医療・介護）
「部下と言いながら、歳が10以上も上で、文句ばかり言って言うことを聞かない」
（49歳、男性、製造業）

このような現場からの声は枚挙にいとまがありません。これは、学術的に言えば「**エイジズム**」の問題です。マネジメントも、職場も、年齢によって期待値が異なります。「年齢が上であるのにも関わらず、成果が少ない」「年を取っているのにもかかわらず仕事ができない」といった偏見です。パーソル総合研究所の調査によると3割の若手社員が、自社のシニアに対して「給料を貰いすぎ」「成果以上に評価されている」と感じています。[6]

こうした「年上部下」をマネジメントする管理職トレーニングを実施している企業も、エイジズムの問題についてきちんと研修を行っている企業も、極めて少数です。管理職は「習ったこともない」コミュニケーション・ギャップに悩み続けています。

管理職負荷の「インフレ・スパイラル」

「考えない部下」はこうやって育つ

私たちの調査をより詳しく分析していくと、さらなる管理職負荷要因が見つかりました。それは、**負荷が上がった管理職が「自らの首を絞めはじめる」**ということです。

我々は、部下の行動に着目し、管理職自身の行動が、どのような部下の行動を引き出しているかを分析しました。そして部下の行動を測るために、先行研究を参考にしつつ「配慮的」「批判的」「積極的」という3つの行動のパターンを用いて測定しました。[7]

「**配慮的行動**」とは、いわば「ビクビク系の部下」の行動で、やたらと会議への同席を求めたり、メールにCCを入れてくるといった行動です。「**批判的行動**」とは、「言うこと聞かない系の部下」の行動です。上司に反対意見をぶつけ、指示に従おうとしない行動を指します。「**積**

極的行動」とは、いわば「先回り系の部下」の行動です。彼らは「一を聞いて十を知る」のように、前もって主体的に積極的な仕事をしてくれます。

「ビクビク系」「言うこと聞かない系」「先回り系」。これら3パターンの行動が部下に表れたとき、管理職の負担感に、それぞれどのような影響を与えているのかを確認しました。

やはり予想通り、**「ビクビク系」「言うこと聞かない系」の行動は、管理職の負担感を増大させていました。**例えば、些細なことまで逐一報告する配慮的な行動や、言われたことに従わず反抗的な態度をとる批判的な行動……。管理職がため息をつきたくなるのは、部下がこういう行動ばかりとるときでしょう。

一方で、唯一**負担感を下げていたのは「先回り系」の部下行動です。**上司が指示すれば意図を汲んで率先してやってくれる積極的な部下の行動によって、管理職の負担は軽減されます。

これらは、誰しもが納得する結果でしょう。本題は、管理職のどのようなマネジメント行動が「ビクビク系」「言うこと聞かない系」「先回り系」の部下行動を引き出すのかということです。

上司の部下マネジメントの行動を「信頼する・認める」と「臨機応変に対応する」、「厳密に指示する」の3タイプに分類し、それぞれの行動が部下の行動にどのような影響を与えているかを分析しました（図表23）。すると、**「厳密に指示する」マネジメントは、「先回り系」の部下**

図表23 マネジメントのタイプと部下の行動への影響

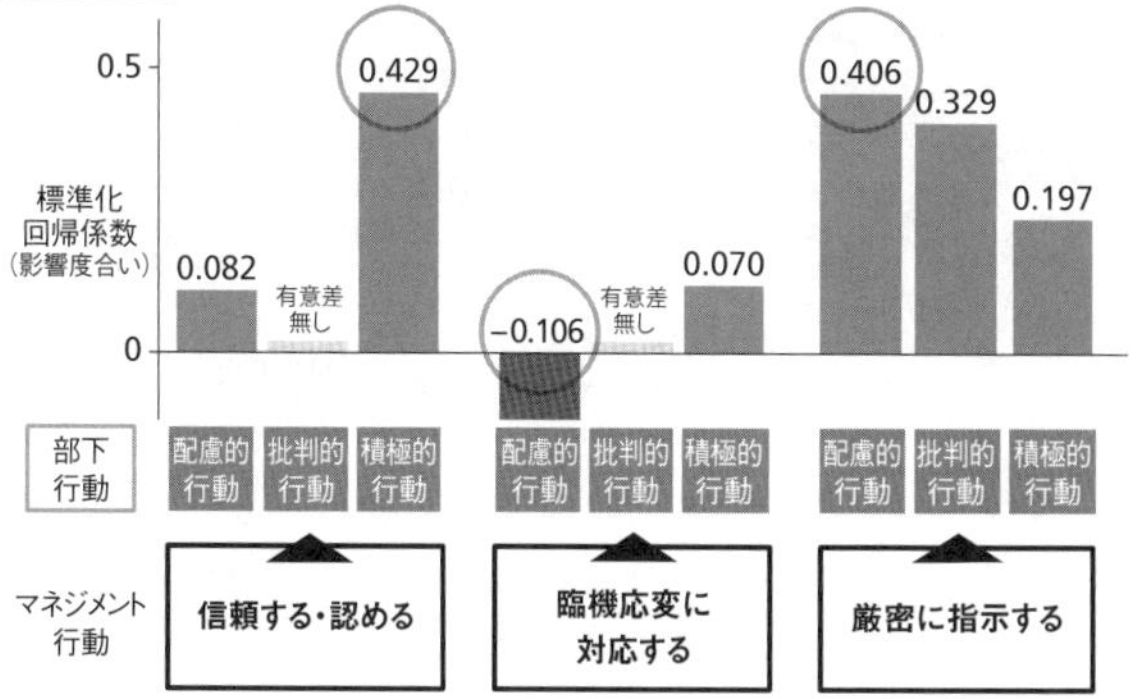

出所：パーソル総合研究所「中間管理職の就業負担に関する定量調査」

行動にややつながるものの、「ビクビク系」と「言うこと聞かない系」の部下行動に対して、より強い影響を及ぼしていることがわかりました。

厳密に指示するというのは、「仕事量のことを厳しく言う」「規則に従うことを厳しく言う」「その日の仕事の計画や内容を知らせる」といった、いわば「ガミガミ系」のマネジメントです。専門的な言葉で「マイクロ・マネジメント」と言います。

つまり、**マイクロ・マネジメントをすると、部下はある程度は動いてくれるようにはなりますが、それと同時にビクビクと配慮的になったり、言うことを聞かず批判的になったりしている**ということです。「言ったことだけやる」「思うように動いてくれない」「自分で判断しようとしない」といった部下は、上司自身の行動と紐づいているのです。さらに、こうした管理職のマイクロ・マネジメント行動は、働

図表24 「マイクロ・マネジメント」が上司自身の負荷を増やす

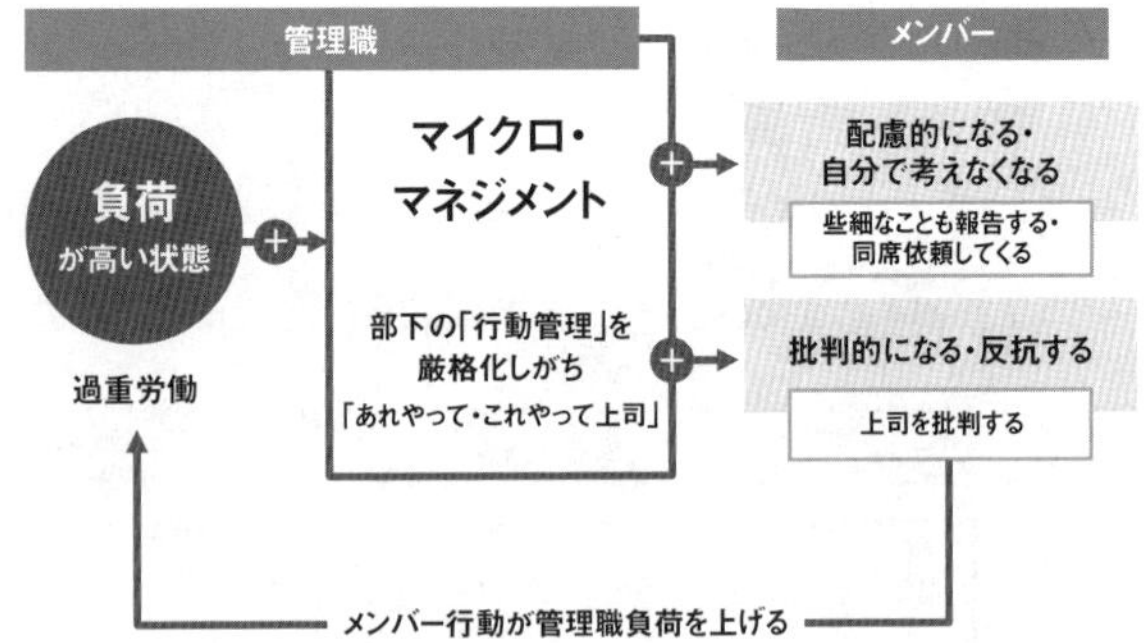

出所：パーソル総合研究所「中間管理職の就業負担に関する定量調査」より筆者が独自に作成

き方改革・ダイバーシティ・業務量の増加によって促進されていることもわかってきました。

まとめて言い換えましょう。

多くの管理職は多忙になると、「部下に考えさせる」ための時間の余裕を失います。するとプレイング・マネジャーでもある管理職は、部下に「あれやっておいて」「いつまでにこれをやっておいて」という自由度の少ない指示を出し、行動レベルで直接コントロールしようとします。そのようなマネジメントを受けたメンバーは、やたら上司の顔色をうかがいはじめるか、やたら反抗するようになり、その行動がさらに管理職の負荷を上げる、という悪循環が起こるということです（図表24）。これは筆者も含めて耳が痛い分析結果です。忙しくなればなるほど、「グズグズ考えてないで、早く行動に移ってほしい」「いいから言ったことだけきちんとやってほしい」

という思いは、現場管理職の思考に絡みついてくるものです。

しかし、こうして管理職は自らの首を絞めていくことになります。**管理職から毎日のように聞かれる「部下が自分で考えてくれない」「今どきの子は、指示待ちばかりだ」という声は、自分自身のマネジメントから導かれている側面**がありそうだということです。[8]

しかもこうした行動管理は、組織的に奨励されている場合も多々あります。例えば、営業機能を持つ会社の多くは、営業職に対していつまでに「何件電話する」「何件訪問する」といった定量的な行動目標を立てます。受注という目標に向けたプロセスを定量化し、そのプロセスをコントロールすることによって営業活動全体をマネジメントしようとします。「考えるより、動け」。これは多くの営業組織に共通して見られる暗黙の規範ですが、先ほどのデータを踏まえると、こうした営業プロセスの管理がどのような人材を育てることになるか、皆さんはもうおわかりでしょう。

すれ違う現場と会社

さて、ここまで、管理職の負担増がロング・トレンドとして続きそうだということを確認してきました。そんな中で、企業の人事はどのような改善策を講じているのでしょうか。負担感が軽減されるような方策をとっているのならば、問題は徐々に解決していくはずです。

しかし、ここで見られるのは、**現場と会社の完全なる「すれ違い」**です。

そのことを客観的に議論するために、人事部が管理職の課題をどう認識しているのか、また、それが管理職自身の認識と合っているのかについても調べました。

図表25をご覧ください。右側には、人事部門が考える管理職の課題が並んでいます。上位から「働き方改革への対応増加」「ハラスメントの対応増加」「コンプライアンスの対応増加」という項目が並んでいます。一方、左側には、管理職自身が感じている課題を高い順に並べています。こちらは「人手不足」「後任者の不在」「自身の業務量の増加」が上位に並んでいます。

二つを比べると、人事部の課題意識で最も高い「働き方改革への対応増加」は、管理職自身の課題意識では6番目に下がります。また、人事部が考える課題で2位、3位の「ハラスメントの対応増加」「コンプライアンスの対応増加」は、管理職自身の課題意識では、上位10位以内にも入っていません。

逆に、管理職自身が感じている課題の1位「人手不足」は、人事部では9位まで下がり、2位の「後任者の不在」も人事部では8位まで下がります。3位の「自身の業務量の増加」は、人事部の課題意識の上位10位以内にも入っていません。

このように、管理職自身が抱えている課題と、会社が管理職に対して持っている認識は大きく食い違っています。管理職からは「会社には期待していない」「人事は何もわかっていない」

図表25 管理職と人事部門の課題認識のすれ違い

管理職自身が感じている業務上の課題

［管理職調査］管理職 n=2000

順位	内容
1	人手不足
2	後任者の不在
3	自身の業務量の増加
4	学びの時間の確保困難
5	時間不足による付加価値業務への未着手
6	働き方改革への対応増加
7	部下の育成不足
8	コスト削減の要請増加
9	売り上げ・利益目標増加
10	スキル・知識不足による付加価値業務の未着手

人/時間のリソース不足が上位

人事部が考える管理職が抱える課題

［企業調査］人事部 n=300

順位	内容
1	働き方改革への対応増加
2	ハラスメントの対応増加
3	コンプライアンスの対応増加
4	部下の育成不足
5	部下の離職増加
6	部下のメンタル問題への対応増加
7	ダイバーシティの対応増加
8	後任者の不在
9	人手不足
10	職場のコミュニケーションが不活性

近年 表面化している課題への対応が上位

出所：パーソル総合研究所「中間管理職の就業負担に関する定量調査」

といった会社側への不満がでてくる一方で、会社側からは「現場はいつも人が足りないと言うものだ」といった言葉が聞かれます。

こうした食い違いが、「罰ゲーム」問題をさらにややこしくしています。

いつまでも「マネジメント・スキル」で乗り切ろうとする会社

管理職に対して人事部（会社側）が問題に感じていることと、実施している管理職への支援について、さらに聴取しました。**図表26**に結果をまとめます。

ここで最も多く挙げられたのは、管理職の「マネジメントの知識・スキルが高まらない」という問題でした（36・0%）。企業人事は、自社の管理職のマネジメント・スキルが低いことを問題視しているようです。

図表26　人事部が感じている管理職の問題点と負担軽減の支援

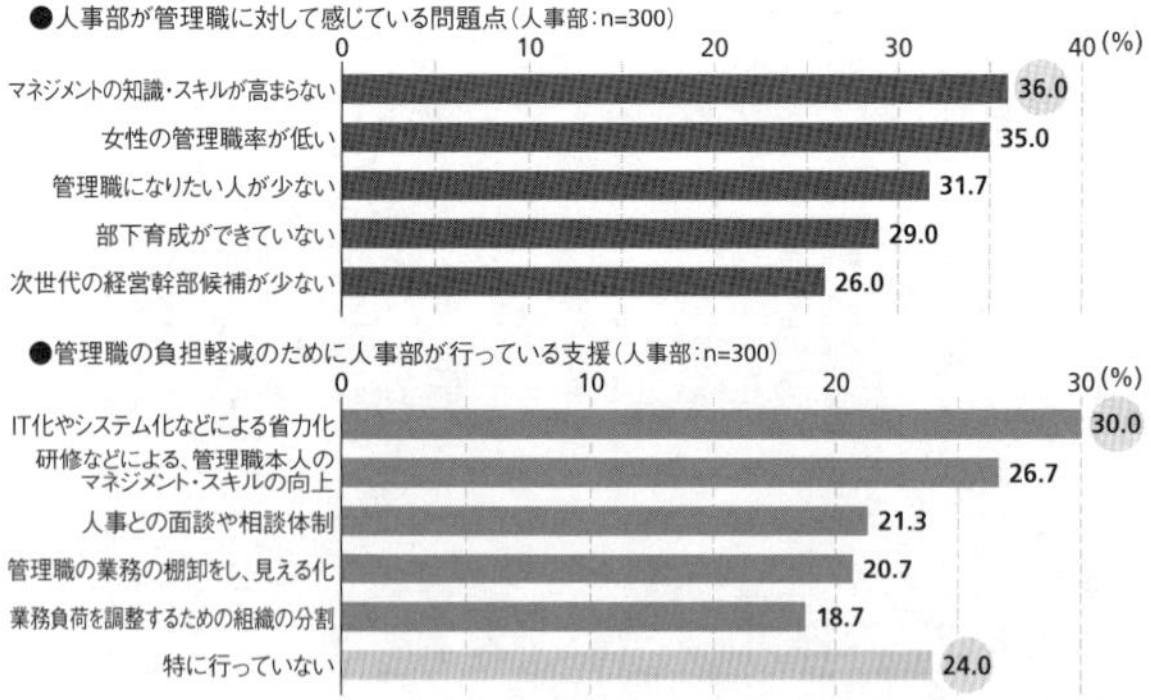

出所：パーソル総合研究所「中間管理職の就業負担に関する定量調査」

会社が行っている支援については「ＩＴ化やシステム化などによる省力化」が１位、２位が「研修などによる、管理職本人のマネジメント・スキルの向上」です。これらは構造的・組織的な支援というより、対症療法的なものです。ツールを渡しておいて、あとは管理職個人のスキルや力量で乗り切ってもらおうとする姿勢が見られます。管理職に対するサポートを「特に行っていない」と回答した企業が24・0％ある点も見過ごせません。

管理職負荷のインフレ構造

まとめれば、今、企業の中には、**管理職負担が増幅し続けてしまうインフレ構造が形成されている、**ということです。管理職の「罰ゲーム化」は、「時代の流れの中で業務が大変になっている」という地殻変動的なものもあるのですが、会社内部における問題解決のフレームが誤った形でかみ合い続けてしまっていることからも導かれています。

この管理職負担のインフレ構造は、図表27のように図解できます。インフレ構造は大きく分けて、**「人事の個別対処ループ」**と**「現場のマネジメント・ループ」**、**「管理職人材不足ループ」という3つのフィードバック・ループ**で構成されます。

まず**1つ目の「人事の個別対処ループ」**では、調査結果で示された通り、人事が組織の問題を現場にいる個々の管理職に帰責させていきます。コンプライアンスや働き方改革への対応は、多くの企業で、管理職個人の手腕・スキルで解決されようとします。こうした新たな課題への対応で負荷が増大した分、代わりに他の業務が楽になる、ということはほぼありません。そして、会社は「管理職に変わってもらおう」と個別スキル開発中心の訓練を行います。調査でも、管理職のスキル不足を認識している人事ほど、研修を多く行う傾向が確認されています。

2つ目の、「現場のマネジメント・ループ」では、中間管理職が部下の行動管理を厳格に行ってしまうマイクロ・マネジメントの問題が生じます。負荷が増大し、仕事が忙しくなった管理職が、マイクロ・マネジメントを強め、部下を思い通りにコントロールしようとするのです。すると部下は「指示待ち」や「批判的な行動」を取るようになり、結局、管理職の負荷は増大していきます。

3つ目の「管理職人材不足ループ」では、業務量が増加し、部下の育成に手が回らなくなっ

図表27 3つのループと管理職負担が増幅し続けるインフレ構造

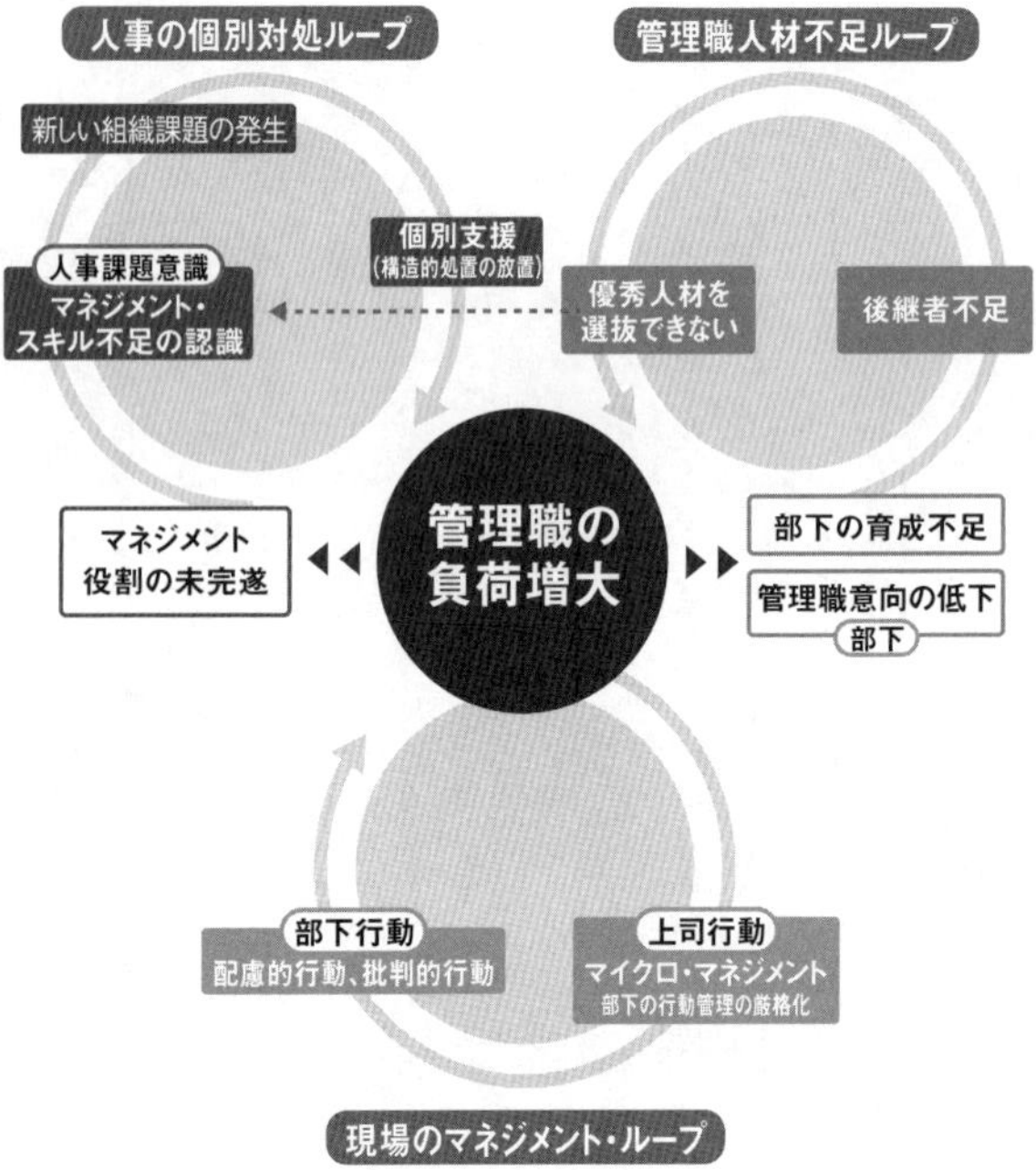

出所:パーソル総合研究所「中間管理職の就業負担に関する定量調査」より筆者が独自に作成

た管理職が、自分でやるしかない状況に陥ります。その仕事ぶりは、部下の**「管理職になりたくない」という意思を強めることにつながります。**それにより「後継者候補の優秀人材を選抜できていない」という問題意識が（人事部門に）生じます。これは「人事の個別対処ループ」の「マネジメント・スキル不足の認識」に直結していくことになります。

この3つのループがまるで永久機関のようにずっと回り続け、次々とバグ（課題）を生み出し、現場の管理職の負荷が上がり続けているのが、バブル崩壊後の日本企業です。このループのどこかを止めない限り、流れは永遠に続いてしまいます。

この構造が理解できれば、管理職の「罰ゲーム」には「ラスボス」が存在しないということも同時に理解できます。諸悪の根源のような存在がこのゲームのバグを創り出しているわけではありません。

「管理職が大変だ」という問題の背景にある、こうした全体像を理解していなければ、間違った対処を続け、この構造を抜け出すことはできないでしょう。

管理職の「罰ゲーム化」の兆候チェックリスト

さて、ここまで読んだ読者の方々が気になるのは、「管理職の『罰ゲーム化』が自社でどの程度起こっているのか」という点だと思います。そこで「兆候」となる現象を一覧にしたチェックリストを作成しました（図表28）。その問題と紐付きやすいカテゴリもまとめました。自社や職場において、リストにあるようなことが多く起こっているほど、管理職の「罰ゲーム化」は深刻な状態まで進んでいると考えられます。

一方で「罰ゲーム化」現象に対する職場の耐性はそれぞれです。「ここまではOKで、ここからはNG」と一律の基準を設けられるものではありません。耐えられるストレスの範囲が個人によって異なるように、職場における負荷の許容量も当然異なります。

ですので、チェックリストは、自社の「過去からの変化」を中心に確認していくことをおすすめします。管理職の「罰ゲーム化」は、ロング・トレンドとともに進行しています。そのチェックが自然と解消されていくことは少ないでしょう。

なお、チェックリストのうち、自社の実態がわからない項目には「？」をつけてみてください。自社の管理職や職場の状況について、人事や経営は意外と把握できていないことも多く、それ自体が大きな問題です。放置しておくと管理職の「罰ゲーム化」は潜在化していき、いつまで経っても問題解決の入り口にも立てないでしょう。ぜひ、「✓」の数とともに「？」の数もチェックしてみてください。

図表28 「罰ゲーム化」の兆候となる現象 チェックリスト

現象 ／ 関連するカテゴリ	✓ OR ？	成果主義・短期業績主義	組織フラット化の副作用	部下マネジメントの困難	孤独・孤立	コンプライアンス遵守圧力	働き方改革の矮小化	キャリア展望の暗さ
管理職が管理する部下の人数が増えてきている		●		●				
職場で、部下を「詰めている」管理職をよく見かける		●		●				
一般社員と管理職の賃金の差が十分ない			●					
一般社員と管理職の賃金の差が縮まってきている			●					
プレイング・マネジャーの割合が多い		●	●	●				
「年上の部下、年下の上司」という組み合わせが増えてきている				●				
コロナ禍後、テレワークが一気に普及した				●	●			
管理職同士のヨコのつながりが薄い		●			●			
自社の管理職の役割が多すぎる			●		●			
自社の管理職が現実に果たしている業務を把握できていない			●		●			
ハラスメント研修、コンプライアンス研修の数が増加した			●			●		
残業制限の施策が、主に一般社員向けにのみ行われている					●	●	●	
部下と上司の労働時間の差が大きい		●			●		●	
早朝や深夜にメールのやり取りが発生している					●		●	
管理職のスケジュールが会議だけで埋まっている					●		●	
成果主義的な人事制度の導入が進んでいる（処遇・評価・目標管理など）		●		●				
メンタルヘルスの問題で休職・休業する従業員が増えてきている		●		●				
新入社員がすぐ辞めてしまう				●				●
期待していた20～30代の社員が辞めていっている				●				●
管理職になる年齢が高齢化してきている			●	●				●
女性管理職比率が低い			●					●
女性に管理職を断られることがある				●				●
結婚と同時に辞めていく女性社員が多い				●				●

出所：筆者が独自に作成

【理論編②】「管理監督者」と「管理職」は何が違うのか

管理監督者とは何か

本書はここまで、特に明確な定義をせず「管理職」という言葉を使ってきました。日本で「管理職」といえばだいたい意味は通じるからです。一方で、労働基準法（41条2号）で法的に定められているのは「管理監督者」で、この「管理職」と「管理監督者」の違いはとても重要です。

ここで、改めて確認しておきましょう。

両者の違いがなぜ重要なのかというと、**労働基準法では「管理監督者」に対して、労働時間や休日、休憩に関する規定を適用しないとされているからです。**つまり、管理監督者は残業手当が支払われず、決まった休日・休憩が無く、時間外労働・休日労働に関する協定である所謂「36協定」からも対象外になります。

ある調査では、時間外手当が支給されていない人の割合は、「主任クラス」3・4％、「係長クラス」6・2％、「課長代理クラス」51・0％、「課長クラス」88・5％、「部長クラス」95・1％となっています。[9] 一般に「主任」「係長」は「管理職」扱いしないことが多いですが、一部では「管理監督者」として残業手当の対象外になっているようです。会社で「管理職」とされる人が、本当に「管理監督者」に当たるのか、それとも法的な定義を満たさない**名ばかり管理職**かどうかは、しばしば問題になり、裁判でも争われてきました。

管理監督者の条件

この問題について、厚生労働省が公表したガイドラインには次のように記載されています。（強調筆者）

> 「管理監督者」は労働条件の決定その他労務管理について**経営者と一体的な立場にある者**をいい、労働基準法で定められた労働時間、休憩、休日の制限を受けません。
> 「管理監督者」に当てはまるかどうかは、**役職名ではなく、その職務内容、責任と権限、勤務態様等の実態**によって判断します。
> 企業内で管理職とされていても、次に掲げる判断基準に基づき総合的に判断した結果、労働基準法上の「管理監督者」に該当しない場合には、労働基準法で定める労働時間等の規制を受

け、時間外割増賃金や休日割増賃金の支払が必要となります。

出所：厚生労働省「労働基準法における管理監督者の範囲の適正化のために」

ここにも明記されているように、会社で「管理職」と呼ばれていても、部長や課長、マネジャーといった「役職名」があっても関係はなく、「管理監督者」に当てはまるかどうかは、働く内容と働き方の実態において、いくつかの条件をクリアしていなければいけません。以下に一般的なその条件を見ておきましょう。

【条件1】：経営者との一体性

管理監督者は、経営方針や予算の決定、人の採用や評価などの重要事項に対して、権限や裁量を有している必要があります。

【条件2】：労働時間の裁量性

自分が出勤する日や時間帯を自由に決められること。逆に、労働時間について会社から厳格な管理をされている場合は管理監督者としてみなされません。

【条件3】：待遇の正当性

管理監督者は、一般労働者と比較して、定期給与、賞与、その他の待遇、相応の待遇差が設けられている必要があります。

管理監督者を巡る判例

こうした管理監督者性と照らして「実態としてあっていない」と、「管理職」（労働者）が会社を提訴し、裁判で争われることがあります。その多くは時間外・休日・深夜労働にかかる割増賃金の支払いを求めるものです。そして判例では、ほとんどの「管理職」は、「管理監督者」と認定されません。ここで判例をいくつか見てみましょう。

有名な「日本マクドナルド事件」（08年、東京地裁判決）は、「管理監督者」として扱われていたハンバーガー直営店の店長が、会社に対して過去2年分の割増賃金の支払い等を求めたものです。

この店長は、アルバイトの採用、人事考課、シフト決定、次年度損益計算書の作成などの権限は持っていましたが、それらが店舗内部のことに限られており、経営方針の決定に関わる重要な職務と権限を持っているとは認められず、賃金差も十分でないとされました。結果的に、管理監督者性が否定されています。

これはファストフード店の「現場店長」のポジションが「管理監督者」に当たるかが争われたものであり、小売り・飲食ビジネスを展開する企業にとって影響の大きい判例となりました。知名度の高い企業であることもあり、「名ばかり管理職」という言葉を世間一般に広めました。

「岡部製作所事件」（06年、東京地裁判決）は、プラスチック成形・加工等を業とする企業において「部長職」の立場にあった従業員が会社を訴えたものです。この従業員は、経営会議のメンバーであり、管理職手当11万円を支給されていましたが、管理監督者性が否定されています。

参加していた経営会議が重要事項を決定する場ではなかったこと（実質は取締役会で決定されていた）、部下がおらず専門職的立場だったこと、勤務時間が自由に決定できていなかったことなどから、「管理監督者」ではないとする判決が出ました。部下のいない「管理職」、エキスパートなどの専門職を「管理監督者」扱いにしている企業が多いことと照らすと、注目すべき判例です。

一方、管理監督者性が認められた判例として「ピュアルネッサンス事件」（12年、東京地裁判決）があります。原告は、美容サロンの運営会社に部長として入社し、常務取締役、専務取締役まで務めました（退職前には部長降格）。この会社の経営会議や役員会議では会長の意向が強く働いており、実質的な討議が無かったことなどが指摘されましたが、小規模な企業であることでやむを得ないとされています。

また、タイムカードによる労務管理もされておらず、自由に用事をすることが可能であったこと、役職手当・特別手当などで多いときで月額60万円（一般従業員は30万円弱）の支給を受けていたことなどから、管理監督者性が認められ、時間外労働に対する割増賃金請求は棄却されました（一方で、深夜労働に対する割増賃金請求は認められています）。

このようにいくつかの判例を見ても、役職や企業内の習慣にかかわらず、管理監督者性については、勤務実態や実質的な権限、処遇差など、かなり細かいレベルで総合的に判断されていることがわかります。たとえ「マネジャー会議」に呼ばれていても、報告会や意見交換、経営方針の決定に関与していなかったり、社の方針を伝えられるだけの立場であれば、経営者との一体性が疑われる可能性があります。部下がいないという点をもって「管理監督者ではない」とされた判決もあります。

また、出勤・退勤時間が自由に決められるようでも、実質的には日常的に長時間労働を

図表29 「管理監督者」を巡る法律上の解釈と企業の運用実態

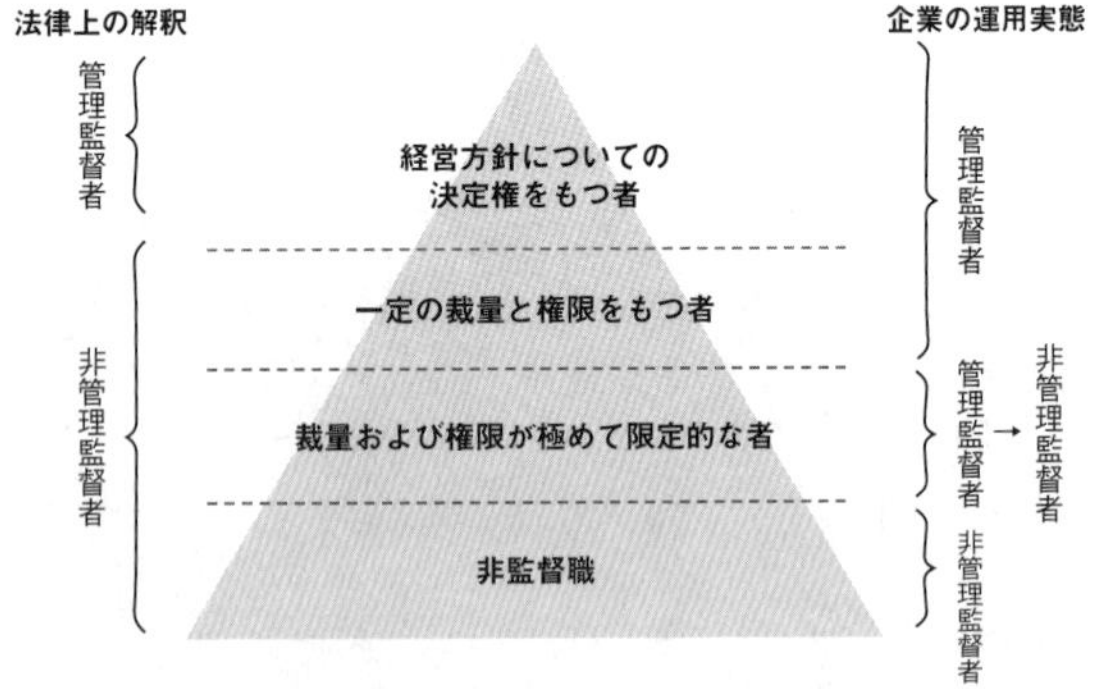

出所：「労務理論学会誌29」（2020年）、「管理監督者として扱われる『管理職』の働き方」（仲地二葉）より

強いられていると、【条件2】の「労働時間の裁量性」が認められない場合があります。例えば、朝晩の事務所の鍵の開け閉めを管理職だけが行っており、そのタイミングでの出勤・退勤が実質的に避けられないといった現場は注意が必要でしょう。

管理監督者性の判断に最も重視されている要件は「正社員の採用・異動を決定する権限が与えられているかどうか」である、という研究者からの指摘もあります。[10] 人を採用できないような「管理職」では、結局自分が現場労働者の穴を埋める必要性が高くなるため、労働時間が全体として長くなるということが考慮されているのでしょう。

図表29で示したように、法律上の解釈と運用実態には、裁量と権限において「グレー」な領

域がかなり広がっています。企業は自社基準の「管理職」が本当に法的な管理監督者に当たるかどうか、労務管理の専門家とともに細かなレベルでチェックしておく必要があります。

管理職の労働時間マネジメント

労働時間の上限規制が適用されない「管理職」の労働時間マネジメントは、残業対策としてもおざなりにされている例が後を絶ちませんし、非管理職よりもかなり長く働いているという実態があります。

たまに勘違いされている方もいますが、**「管理監督者」であっても、労働基準法によって保護される労働者であることに変わりはありません。**残業手当は支給されませんが、深夜労働に対しては一般従業員と同様に、通常の2割5分以上の率で割増賃金が支払われますし、有給休暇を付与する必要もあります。

管理職の労働時間を分析した小倉一哉氏（現・早稲田大学大学院教授）の研究では、出退勤時間の自由な決定は、業務量の多さには影響しないということが指摘されています。[11] その上で同氏は、「『管理監督者』であるがゆえの『適用除外』は、労働時間の長さ（短さ）の自律的な選択という意味で、現状ではほとんど意味がないと推測できる」という意見を述べています。法的取り扱いの現場での実効性を考えさせる指摘です。

また、2019年の労働安全衛生法の改正では、管理監督者の労働時間を適切に把握することが企業側に義務づけられました。出勤簿やタイムカードで正確な労働時間を記録し、5年間（当分の間は3年間）は保存することとなっています。

「管理職扱い」とする範囲をむやみに広げることは、こうした法的なリスクとともに、第1章で示した「タイパの悪化」などで管理職の魅力を減じることにもつながります。やはり法律の専門家とともに、慎重な検討がなされるべきでしょう。

---

1 財団法人 連合総合生活開発研究所「企業組織と職場の変化に関する調査研究報告書」平成15年7月
2 井上悦次〝トヨタのフラット化組織改革について〟組織科学 1994, 27. 4: 66-71.
3 産業能率大学「第6回上場企業の課長に関する実態調査」
4 厚生労働省　令和4年度「過労死等の労災補償状況」
5 パーソル総合研究所・中原淳「長時間労働に関する実態調査」
6 パーソル総合研究所「シニア従業員とその同僚の就労意識に関する定量調査」
7 西之坊穂、2021、『日本の組織におけるフォロワーシップ――フォロワーはリーダーと組織にどう影響を与えるのか』、晃洋書房
8 こうしたマネジメント行動から、部下行動の影響について、厳密な因果関係を特定するのは容易ではありません。共

に人間行動と人間行動の組み合わせである上に、職場という複雑な環境は、厳密な比較や時系列での分析が極めて困難だからです。部下の行動は学術用語でフォロワーシップ行動と言いますが、今後多くの研究の蓄積が望まれる分野です。

9 労務行政研究所（2013）「各役職位に対する時間外手当の支給状況（2012年度労働時間総合調査附帯調査）」労政時報No.3833

10 仲地二葉〝管理監督者として扱われる「管理職」の働き方〟労務理論学会誌　2020, 29: 123-135.

11 小倉一哉〝管理職の労働時間と業務量の多さ〟日本労働研究雑誌　2009, 592: 73-87.

第3章　【構造編】ここが変だよ、ニッポンの管理職

バグの発生源はどこにあるのか？

「ルールの作られ方」を知る

さて、第1章【理解編】、第2章【解析編】と管理職の状況を見ることで、企業の中には、まるで永久機関のようにバグ（課題）が生まれ続け、管理職の負荷が上がり続ける、インフレ構造があるとわかりました。続く本章の目的は、そのバグの発生原因を特定することです。

この「罰ゲーム」に巻き込まれている多くのプレイヤーたちは、**「今、戦っているフィールドで何が起こっているか」はわかっても、「ゲームのルールがどう作られているか」はわかりません。**チェスや麻雀などのテーブルゲームをプレイできる人はたくさんいても、ゲームのルールや規則がどのように生まれたかを説明できる人がほとんどいないのと同じです。

そして、働き方の環境を整備する側、つまり経営や人事といった**「ルールを作る側＝開発者」すら「ゲームのルールの作られ方」を理解していない場合、管理職の「罰ゲーム化」は袋小路に陥ります。**日本の企業ではジョブ・ローテーションの一貫としてしか人事部を経験させない傾向があり、人事の知見を持ったプロフェッショナルは育ちにくい環境ですし、経営陣の中には、人材マネジメントにそもそも関心が高くない人も多くいるようです。

つまり、バグの発生原因である、ルールを変えられる側の人たちに専門的知識が足りないまま、この「罰ゲーム」は「放置」され、悪化し続けていると言えます。

そこで本章では、【構造編】として国際比較を中心に、この国の管理職というものがどんな特徴を持っているのかを議論していきます。「ここが変だよ、ニッポンの管理職」です。

「入り口問題」——「いつの間にか管理職候補」の不思議

「オプトアウト」方式の昇進

日本の管理職はその「入り口」、つまり**管理職ポストへの昇進・昇格の仕方**から特殊です。

日本では、従業員格付けの等級が上位に上がることを「**昇格**」と呼び、組織におけるより上位の役職・ポジションへ上がることを「**昇進**」と呼びます。管理職は原則的には役職なので、「昇進」です。上位管理職へのポジション異動のみがあり、等級が無い企業も存在しますが、それは「昇進」のみがその会社内でのキャリア上昇であることを意味します。

この「昇格」と「昇進」の区別こそ、戦前の近代官庁から受け継いだ日本企業の大きな特色です。日本企業は伝統的に「人の能力」を基準に従業員を格付けします（職能等級と言います）。この「昇格」には、基本的に人数制限がありません。一方の「昇進」は具体的なポストへの登用になりますので、ポストが新設されるか人が入れ替わらない限り、昇進できません。管理職への昇進では「ポストが空いていないから昇進は難しい」「上の年代で昇進待ちが多く発生している」といったことが起こります。

日本の正社員の「昇進」について説明するとき、筆者は**「オプトアウト」方式**と表現しています。「オプトアウト」とは、不参加や脱退という意味です。原則的には参加が決められており、退出したり、抜けるときだけ意思表示を求める方式です。

日本の企業の多くは、未経験者の「一括入社」の後、新入社員に一律的で平等な訓練を施します。東大だろうが無名大学だろうが、入社後すぐのタイミングでは育成内容に差がほとんどつきません。**正社員として入社さえしてしまえば、ほとんどの人が「未来の幹部層候補」として扱われるのが日本のキャリアの大きな特徴です。**

「未来の幹部候補」の数が多いがゆえに、その選抜はゆっくりしたものになります。

多くの人を参加させ、長くて広いトーナメント表を広げれば、決勝や準決勝までの期間が長くなります。その長い期間を使って会社はジョブ・ローテーションを行います。すると、どの部署に行っても成果を出す「自然に目立ってくる優秀な人」が登場し、その人たちが適齢期になったタイミングでマネジャーになっていきます。そのマネジャーへの登用も、公募で本人たちに手を挙げさせるのではなく、上司による推薦や人事の判断（評価会議）による、会社側からの打診が多数です。従業員は、管理職への「昇進辞令」や上司からの「推薦するよ」という判断を受け取る側です。

つまり日本の正社員は、**入社と同時に「自らの意思とは関係なく」、管理職昇進を待つ長いウェイティングリストに並び、手を挙げて登用されるのではなく、押し出されるように管理職やその登用試験を打診されていくのです。**年功序列の色合いが濃い企業では、30代後半くらいから「管理職候補」として周囲からも見られ始めます。「そろそろ管理職試験を受けてみてはどうか」といった声もかかりはじめます。それらに対し（家庭の事情や自身の健康状態などで）自ら時短勤務を選んだり、昇進を断るときにだけ「私は管理職を目指さない」という意思の表明が必要になるわけです。これが、日本の昇進が「オプトアウト」方式であるという所以です。

海外の「オプトイン」方式の昇進

反対に、日本以外の先進各国の昇進は、原則的に「オプトイン」方式です。いわゆる「ジョブ型雇用」と呼ばれる雇用社会では、空いているポストに対して、そのポストの職務ができる人材を採用するのが原則です。だからこそ、ポストに見合う経験や技能を証明するために、インターンシップを含めた実務経験者であることが重要になりますし、ポストごとに給与も昇進可能性も大きく変わります。

多くの欧米企業は、前任者の離職やポスト新設によって欠員ができたとき、社内でそのポストへの公募を行います。上司などの推薦もありますが、キャリア・アップしたい従業員はその公募に自ら手を挙げて応募し、会社ごとに異なる昇進試験やプロセスを経て昇進します。これはまさに、参加するときに意思表示が必要となる「**オプトイン」方式**です。欧米の大企業では社内で募集中のジョブ・ポジションを一覧できる、社内公募サイトがある企業もよくあります。

こうした国では、そもそも「入社」の段階でハイレベルな教育を受けていなければ役員候補や管理職候補として扱われにくく、近年さらにその傾向が強まっています。大卒者が世界中で増えるに従って、欧米の大手企業の役員以上の幹部は、ほとんどが修士号か博士号を持つ人で占められるようになりました。

例えば、アメリカの大手企業の代表から構成される経済団体、ビジネスラウンドテーブルの約200人の経歴を見れば、そのほとんどが修士号以上を持っているか、学士号を二つ以上持っています（23年11月現在）。同じく日本の大手企業の経済人で構成される経団連の会長・副会長の約20人のうち、修士号以上を持っている人はわずか5人です。

大学からの直接採用もありますが、新卒時に実務未経験で採用されるのは、有名大学や専門的な研究分野で卓越した成績を収めている人、学生起業や個人のインフルエンサーとして活躍してきたような生え抜きのエリート学生が中心です。

同期という疑似共同体からなるどんぐりの背比べ

また、日本は教育システムにも特徴があります。高等学校に普通科が多く、大学を含めて飛び級や留年が少なく、社会人の大学院進学が少ないのです。こうした同質性の高い進学コースを経て、同じような教育を受けてきた1～2歳しか年が変わらない新入社員が、入社後には「同期」という疑似的な共同体を形成します。

そしてこの**日本企業の一括育成の構造は、同期という準拠集団を単位としながら、新入社員をデフォルト（初期設定）で出世競争に巻き込んでいきます。**

最初は「自分は出世なんて目指していないよ」と言っていても、同期との「平等な競争」と「比較の視線」に巻き込まれていくうちに、昇進の差の優劣を意識し始めることになります。「同期のあいつはもう主任クラスに昇進したらしい」「給与に徐々に差がついてきた」……。**同期という疑似共同体は、こうした「どんぐりの背比べ」を可能にする、比較対象として機能しつづけます。**管理職という「罰ゲーム」を目指すか目指さないか、そのゲームの「スタートボタン」は、入社と同時に、プレイヤーの意思にかかわらず押されてしまっているのです。

「オプトアウト」していく女性たち

「オプトアウト」方式の側面が最もわかりやすく見られるのは、デフォルトとしての昇進レー

図表30 日本企業は「オプトアウト」方式

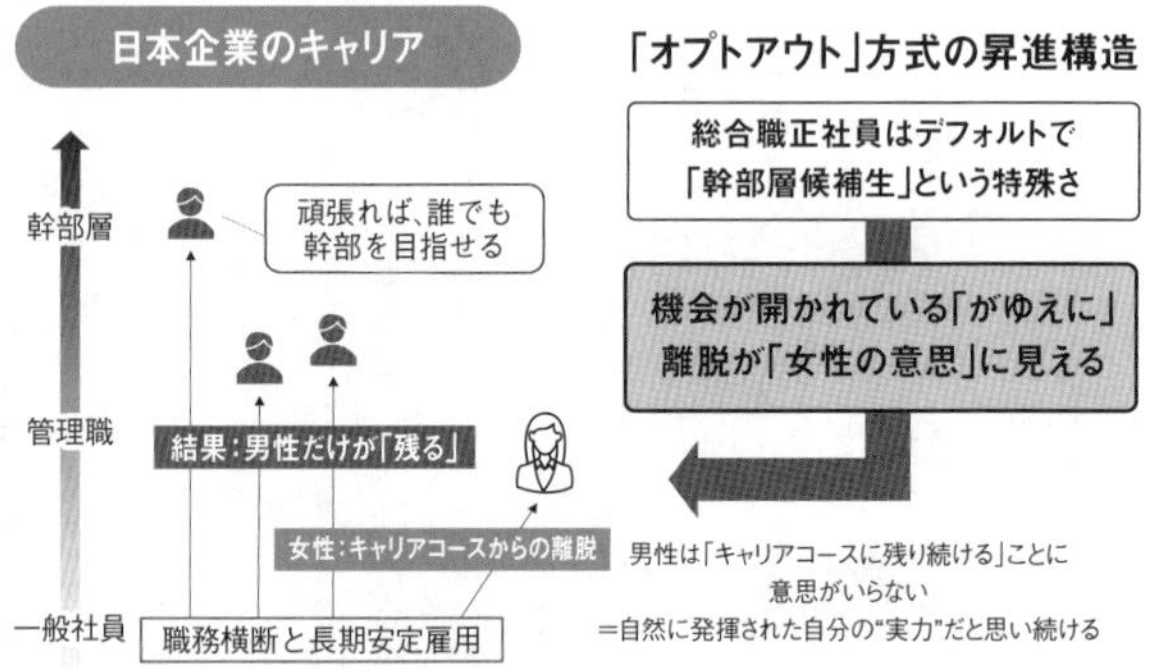
日本企業のキャリア
幹部層
管理職
一般社員
頑張れば、誰でも
幹部を目指せる
結果：男性だけが「残る」
女性：キャリアコースからの離脱
職務横断と長期安定雇用
「オプトアウト」方式の昇進構造
総合職正社員はデフォルトで
「幹部層候補生」という特殊さ
機会が開かれている「がゆえに」
離脱が「女性の意思」に見える
男性は「キャリアコースに残り続ける」ことに
意思がいらない
＝自然に発揮された自分の“実力”だと思い続ける

出所：筆者が独自に作成

スから「女性」が徐々に抜けていくときです。結婚というライフイベントが来る頃、多くの女性に「仕事よりも家庭を選ぶ」というオプトアウトの選択肢が出始めます。第1章で見た「覚悟」を決める男性たちと、「退避」する女性たちという対比の背景には、「デフォルトで幹部層候補生」という特殊さや、平等主義的な遅い昇進の構造があるのです。

「意思がなくても昇進構造に含まれる」ために、家庭を選んで「抜けていく」ときだけ意思を必要とする。だからこそ、昇進レースから抜けていく女性に対して、その意欲の低さという問題が、大きくクローズアップされるわけです（図表30）。

さらに日本の企業では、**社会全体の高齢化に引っ張られるように、近年、管理職になる年齢が上がっていっていることが指摘されています。**２００２年では最も昇進の早いグループの多くが30代後半に課長昇進を果たしていたのに対して、2015年では40代前半にシフトしていることが明らかになっています。[1] 社員たちは、課長への昇進時期の遅れと高齢化が進み、部長ポストが削減されて部長へ昇進しにくくなっています。管理職・経営者層への早期選抜の実施は一部企業で実施されていますが、本当に選抜が早期化している企業は少数でしょう。多くの企業で、団塊ジュニア世代が社内のポストを埋めており、下の世代の管理職昇進が遅れています。

「脱・日本型雇用」がいかに声高に叫ばれようとも、ニッポンの管理職の大きな特徴であるこのキャリア構造は、変わらずに残り続けています。

なぜ管理職の市場価値が下がるのか

「管理職になると、転職できなくなる」の謎

管理職になるのを嫌がっている若手と話していて、しばしば聞くのが「管理職になってしまうと、転職できなくなる」という言葉です。現場で使えるスキルが下がり、時代の変化に取り残され、市場価値が下がる——。このように言われることが多くあります。転職の面接で、「あなたは何ができますか?」と質問され、「部長ならできます」と答えるしかないという定番のジョークもまだまだ聞かれます。管理職になることで負荷が上がり、責任が重くなる上に、

転職できなくなるのでは、「罰ゲーム」と言われても仕方ありません。

ここで理解するべきは、**ニッポンの組織構造と、そこで働く管理職の「役割」の特殊さです。**

日本の組織構造の特殊性

日本に限らず、世界のほとんどの会社組織の構造は、分業を重ねたピラミッド型で複数組織をつなぐ形になっています。「営業」「管理」「企画」など主たる機能ごとに部署を分け、組織の指示命令系統の下位の階層にいくに従い枝分かれしていく、いわゆる「**官僚制**」の組織構造です。おそらく読者の皆さんの会社の組織図も、このようになっているはずです。

日本の組織も外形的には、諸外国と同じようなピラミッド構造をしています。ですが、日本企業の指揮・指示のコミュニケーションの実態は、だいぶ様子が異なります。「管理職」というポイントに着目して、欧米的な組織コミュニケーションと比較してみましょう。

欧米的な発想で言えば、管理職とは、組織同士を個人単位でつなぐ「連結ピン」となるポジションです。

上司が持っている指示の宛先は、その下にいる「直属の部下」であって、さらにその下の階層のメンバーに対して直接指示する関係にはありません。「部長の部下」は課長であって、課長の部下である主任やメンバーに対して、部長は指示を出さない、できないということです

図表31 欧米の組織の特徴

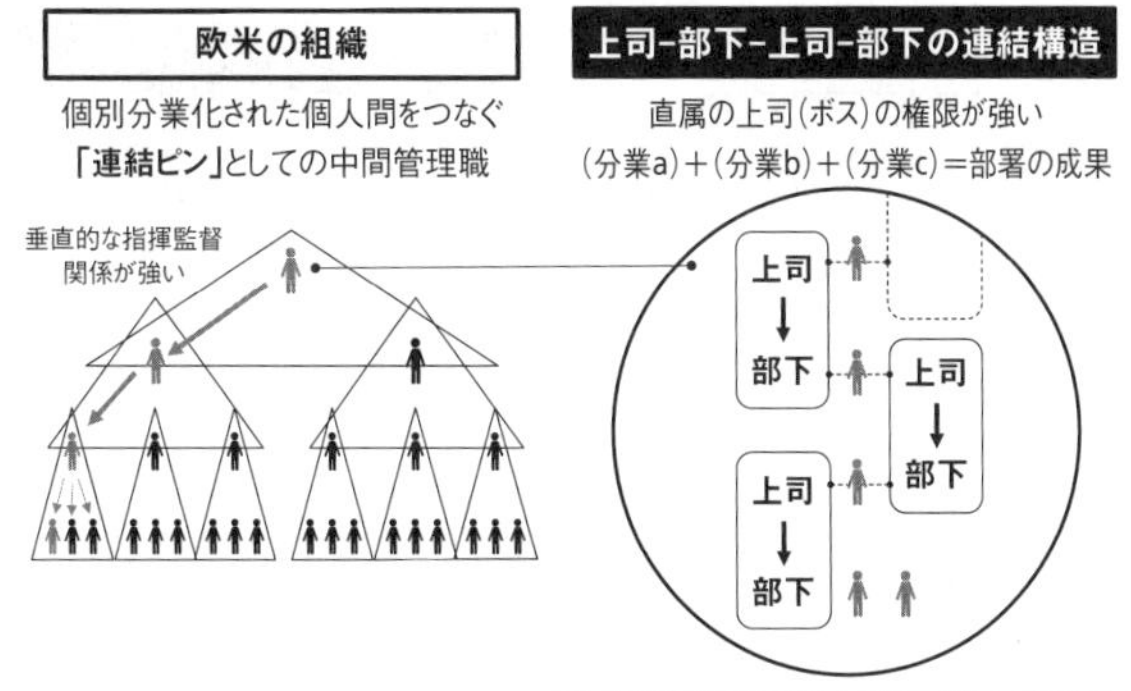

出所：植村省三『組織の理論と日本的経営』より筆者が作成

（図表31）。これを「タテの分業」と呼びましょう。

もちろん、欧米にも色々なタイプの組織が存在しますが、理念的にはこのような階層別の分業意識が強く働いています。

一方で、日本の組織を観察すると、外形的には同じ形であっても、**組織と組織をつないでいる指揮・指示のコミュニケーションが「入れ子」構造になっているという特徴が見られます。**「入れ子」構造とは大きな枠の中に小さな枠が何重にも重なって入っている構造です（図表32）。サイズ違いの人形が次々に出てくるマトリョーシカのようになっています。

よく指摘されるように、日本の組織の特徴は、チームで仕事を受け、作業をシェアしながら進めることにあります。フレキシブルにその都度仕事が割り振られ、メンバー同士の「ヨコの分業」意識も薄いです。「人の仕事を手伝ったらその人のジョブを奪

図表32　日本の組織の特徴

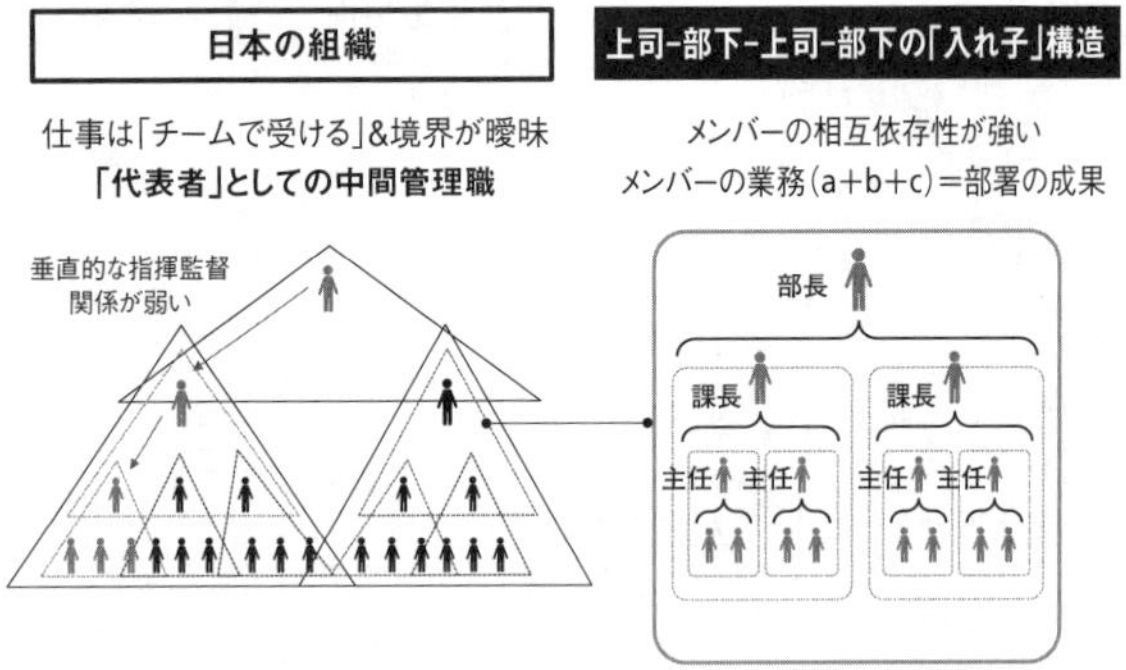

出所：筆者が独自に作成

うことになりかねない」「私の仕事はここまでだから、他の人の仕事は関係ない」といった意識は、海外では当たり前のようにありますが、日本で働く人には希薄です。長期雇用の中で柔軟にジョブを割り振り、部署横断的にPDCAを回すことで、製品やサービスの高いクオリティを可能にしてきた歴史があります。

日本企業は、こうしたメンバー間の水平的（横方向）な分業意識が低いだけでなく、管理職同士の垂直的（縦方向）な分業意識も低いのが特徴です。

部長は、「部全体」を代表し、課長はもちろん、その下のリーダー、さらにその下にいるメンバーたちをも「部下」として内包している感覚が強いのです。上位役職者が「チーム全体の代表者」として振る舞い、指示コミュニケーションを行いがちです。

本来の組織構造、レポートラインとしては課長に一任すべき内容も、部長や上位の役職者が様々に口を挟み、指示していく。それによって意思決定が重層的になり、煩雑になります。

部長は課長以下全体に対して代表者のように振る舞い、部長の下の課長もまた、主任やリーダーに任せるべき仕事まで自ら行ってしまいます。役員レベルから主任レベルまで、このような**「入れ子」構造が折り重なり、意思決定プロセスが重複する**ことが、日本の組織の実態です。職場で無駄に回される稟議書も、新規事業の承認プロセスの多さも、課レベルの決定事項を後からひっくり返してくる部長も、こうした「入れ子」状のコミュニケーション構造から生まれています。

データで見る管理職の国際比較

日本企業のこうした特徴はデータ上にも表れます。**図表33**の国際比較では、日本の管理職は、アメリカ・中国と比べて「仕事が不明確」で「突発的な業務」が多い。**チームの「こぼれ仕事の拾い役」**としての役割が透けて見えます。[2] 管理職自身の意識についても日本の管理職は自分を「経営の一員である」とみるよりも、「従業員の一人である」と認識する傾向が強いこともわかっています。

また、上司の行動として多いものを順に並べたパーソル総合研究所の調査データ（図表34）

図表33 管理職の役割の国際比較

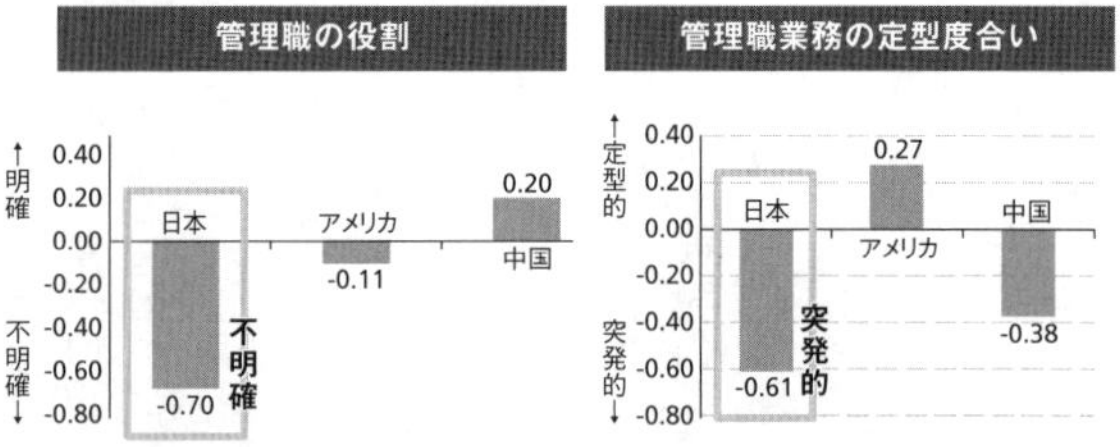

https://www.jil.go.jp/institute/zassi/backnumber/2020/12/pdf/019-030.pdf
注：管理職行動や組織特性を計測する尺度は、国を問わず共通で等価性があると仮定して、すべての国のデータをプールして、5段階の回答（全くその通りである＝5 ～全くそうではない＝1）に対する主成分分析を行ったもの。

出所：「日本労働研究雑誌」（2020年）、「日・米・中の管理職の働き方――ジョブ型雇用を目指す日本企業への示唆」（久米功一、中村天江）より

図表34 マネジャー行動の国際データ

	世界平均（8043）	%	日本（691）	%
1位	スムーズな業務進捗への支援	72.3	メンバーに対する平等な接し方	54.3
2位	良い仕事に対する称賛	72.2	良い仕事に対する称賛	51.7
3位	職場全体の目標の伝達・共有	71.2	ミス発生時の十分なフォロー	49.3
4位	メンバーに対する平等な接し方	71.1	自分の意見の仕事への採用	48.8
5位	仕事ぶりに見合った評価	71.0	日常的な感謝やねぎらい	47.3
6位	ビジョンや方向性の明示	70.0	責任ある役割の付与・任命	47.0
7位	責任ある役割の付与・任命	69.7	スムーズな業務進捗への支援	46.7
8位	自分の意見の仕事への採用	69.1	職場全体の目標の伝達・共有	44.6
9位	スキルや能力が身につく仕事の付与・任命	68.4	仕事ぶりに見合った評価	43.0
10位	ミス発生時の十分なフォロー	67.9	ビジョンや方向性の明示	40.5

日本の管理職の特徴は、**「接し方の平等性」**の重視と**「ミス発生時のフォロー」**の役割

出所：パーソル総合研究所「グローバル就業実態・成長意識調査」（2022年）

でも、世界の上司の行動で全体1位に入るのは、部下の「スムーズな業務進捗への支援」です。まさに部下の仕事がうまくいくような支援的役割がマネジャーの仕事ということでしょう。

それに対して、この項目は日本では7番目と下位に沈みます。日本で上位に挙がってくるのは、「メンバーに対する平等な接し方」と「ミス発生時の十分なフォロー」です。管理職がチームの「代表」として平等に振る舞い、部下の仕事になんらか支障が生じたときのトラブル対応を担う役割であることがここにも端的に表れています。見る範囲が広い分、そのトラブル対応の範囲も広くなるわけです。

「ジョブ」にならない管理職キャリア

また、先程見た日本のキャリア構造も、ここに大きく関わってきます。

日本の管理職は、長くて遅い選抜のため、管理職になったあとも長い間ジョブ・ローテーションの対象になり続けます。総務部長が急に人事部長になったり、部や課をまたいだ管理職の兼務も当たり前に行われます。欧米企業でも上級幹部層の候補者は部門横断的なジョブ・ローテーションの対象になりますが、それは選ばれた少数のエリートのみです。日本は40代を過ぎても、多くの管理職が会社都合でコロコロと部門をまたいで異動していきます。

こうした組織構造とキャリア構造によって、日本企業において管理職というのは、広報や経理、営業といった**具体的な「ジョブ（職務）」に紐づいたポストではなく、「社内階層の高さ」を示すものになりました。**だからこそ、「経理のマネジャー」や「営業のマネジャー」ではなく、「管理職」という同一の階層として日常的にも使われる言葉になっているのです。

さて、ここまでくれば、「管理職がなぜ市場価値につながらないのか」という問いへの答えが見えてきました。

「ジョブ（職務）」という概念が、「役割」や「ミッション」と異なるのは、企業を横断して「職業」としてのマーケットを形成できることです。「ジョブ型雇用」がいくら話題になってもこのことがなかなか理解されないのは、そもそもこの「ジョブ」の意識が、この国に希薄だからでしょう。「ジョブ型雇用」の要点は、ポストごとに職務が明確化され、ポスト数が限定化されていることだけでなく、それが企業横断的な意味を持った「ジョブ」という一般的単位で扱えることです。つまり、転職や賃金、配属において「ジョブ」が市場と照らした参照単位として機能します。

日本の管理職ポジションは、このような意味での「ジョブ」として成立しません。**課や部の「代表者」として、組織内の閉じた役割を担い、近年ではそれが「多忙すぎる雑用係」に堕ちていっています。**成長実感を得られにくい他所からこぼれてきた仕事や、判子を押すだけの承認仕事が多くなり、それらが管理職の負荷実感を上げています。さらに、「ジョブ」には関係なく広範囲の異動の対象となり続けるため、領域の専門的スキルや知識が身につきにくく、現場ではますます「代表者としての雑用」しかできなくなっていくということになります。現場の声をいくつか挙げてみましょう。

「出向してこの職に就いたので、業務上の優位性が部下に対してなかった」

（53歳、男性、運輸・郵便業）

「役職に就く直前に部署が替わってしまい、職場も人も知らない状態から再スタートとなった」

（52歳、男性、製造業）

「慣れない部署のトップになったので業務の理解に苦しんだ」（50歳、男性、サービス業）

こうしたことの最終的な表れが、まさに**「管理職になると、市場価値が低下する」という逆説的な事態なのです。**すでに今、ＩＴエンジニアなどは、「専門性を失うから」「現場感を失うから」「転職できなくなるから」と、マネジャーになりたがらない傾向が強まっています。日本の管理職の複合的な特殊さは、キャリアを今の会社で閉じたくない専門職にとっては、非合理的なものに見えるのです。

本来、管理職とは、メンバー層では得られない様々な経験とスキルを養うことができるポジションです。例えば、組織の向かう方向を示す力や戦略策定の力、部下を育成する力などは、メンバー層や専門職では得られにくいものです。「経理機能の全体のマネジメント」や「営業部門の部下マネジメント」といった本来の役割で外部にアピールできるのであれば、転職マーケットでの価値を高めることができます。中途採用が増える中で、そうしたマネジメントポジションの求人も、かつてよりも増えてきています。しかし、今述べたような組織構造の中で、ただの「雑用係」になってしまえば話は別。「部長ならできます」と言う管理職の出来上がりです。

「出口問題」――「役職定年」という落とし穴

役職定年とは何か

管理職の「入り口」、つまり「管理職のなり方」の特殊さについて先ほど議論しましたが、日本の管理職は、そのポストからの「降り方」も特殊です。ここで論じるのは、管理職の「入り口」に続く「出口」の問題です。

「出口」の特徴の一つは、日本で大手企業を中心に敷かれている「**役職定年**」**という制度**です。役職定年制度は「ポストオフ制度」とも呼ばれ、企業や公的機関において、役職に定年を設け

図表35　大手企業の役職定年の実態

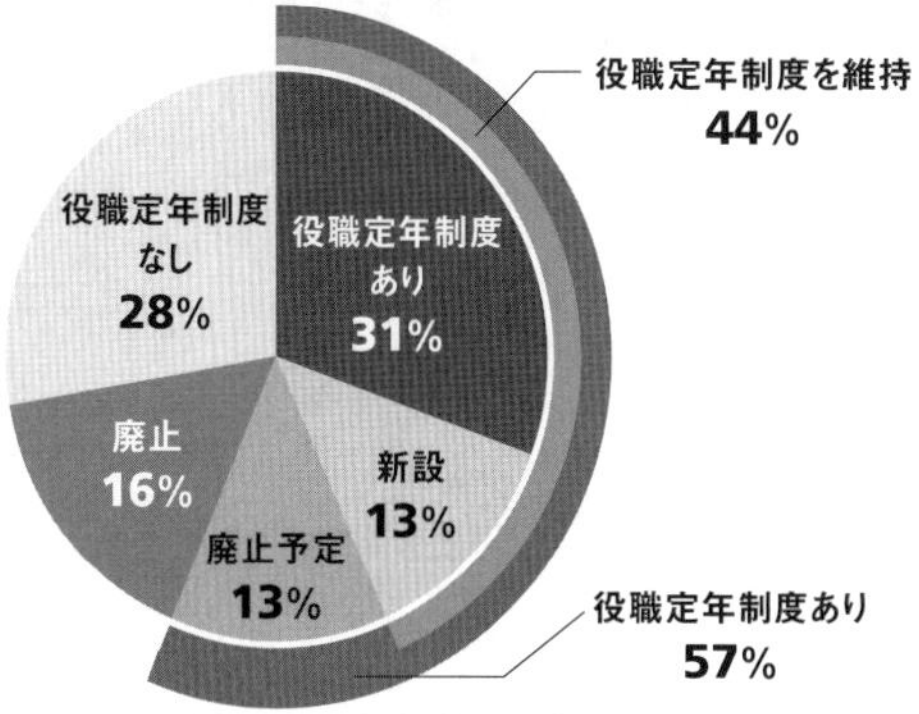

出所：パーソル総合研究所「管理職の異動配置に関する実態調査」(2022)

る制度のことです。課長や部長といった役職を、55歳や57歳など、一定の年齢に達した時点で降りることになります。

個人の実力や成果、個別事情ではなく、「年齢」という一律の基準でポストから外すこの制度は、欧米的な人権感覚ではそもそも受け入れられにくいものでもあります。ですが、大手企業へのヒアリングを行ったパーソル総合研究所の調査によれば、現在、役職定年制度がある企業が57％で、これから廃止予定は13％の一方、新設した会社も13％あり、横ばい傾向が続いています（図表35）。

日本企業が役職定年制をとり続ける狙いの一つは、組織の若返りです。役職が空き、新しい人材が昇進してくることで、組織の活性化や新陳代謝が促進されます。

一方で、長年管理職としてやってきた当人にとっては、役職定年によってポストを外れるのはハードな体験になります。年齢という実力とは関係の無い基準で降ろされるというのは、理不尽にも感じられますし、仕事へのモチベーションも上がりにくくなります。筆者が法政大学の石山恒貴教授らと調査したところ、想像以上のショックがあることが確認されました。[3]

「あまりに理不尽で、やる気がまったく出なくなった」

「頭では理解していたが、実際の変化（収入・環境・業務）は想定より大きい」

「同期でトップ出世を果たしてきたのに、なぜいきなり役職をはく奪されるのか。疑問と喪失感で夜も眠れない日が続いた」

「会社っていったい何だったのか」


こうしたショックの大きさを感じさせる生々しい声が聞かれました。一律ポストオフが生むこうした心理的ショックは、もともとの部下の人数が多かった人のほうが大きいことがわかっています。

「例外運用」が「事前準備」しないシニアを生む

　役職定年に対して事前にきちんと準備できていればいいのですが、多くの50代はそうした準備をあまりしていません。役職定年について事前に説明されても、直前にしか説明がなくても、準備する人はほとんど増えないことがわかっています。つまり「前もってわかっていても、役職定年後の準備をしない」ということです。役職定年は一律の年齢によってなされますので、多くの人が事前準備をしないのは、一見して不思議なことです。

　この謎は、この制度の運用実態を見ると解くことができます。パーソル総合研究所が行った先述の調査によると、役職定年の運用において、役職を降りる時期の「延長」があるとする企業がおよそ7割も存在しました。つまり、**後任者がいなかったり、必要性がない部署の場合には、管理職であり続ける人がいるということです。**「一律年齢」の原則で運用されているはずの役職定年には、実際にはこうした「穴」があるということです。これは60歳や65歳で訪れる通常の定年制には見られない特徴です。

　そうであるならば「自分の代わりはいない」と自信を持っている管理職ほど、「役職定年はあるが、なんだかんだ言っても自分は残れるだろう」と思ってしまうのも無理はありません。こうした表向きの制度と運用実態の間のズレが、「準備の無さ」やショックの大きさの背景に存在します。

コロナ禍で激増した早期退職

さらに近年はコロナ禍の影響もあり「50歳以上の管理職」などの条件で、**管理職を狙い撃ちした「早期退職募集」**が激増しました。早期退職募集とは、退職金割増や再就職支援などの優遇措置をつけながら、退職希望者を募る制度です。ここでも、労働組合員ではなく、給与が高く、かつ自発的に外にでない高齢の管理職はしばしばターゲットになります。日本企業は、「解雇が厳しい、難しい」と言いながら、早期退職募集で中高年を計画的に退出させるということを「苦肉の策」として繰り返しています。

役職定年、定年制度、そして早期退職。こうした年齢を基準にした中高年層への人事施策も、そもそも年齢に対しての差別が禁止される欧米的な雇用慣行では認められないものです。

原則、解雇自由として知られるアメリカも、中高年層の雇用はかなり保護されます。「The Age Discrimination in Employment Act」（ADEA）は、40歳以上の従業員に対する年齢による差別を禁止しています。レイオフ（一時解雇・解雇調整）に際してもベテラン社員が優先的に守られる先任権という仕組みがあります。こうした海外の雇用と対比すると、この「中高年への厳しさ」もまた、日本の管理職の「出口」の特殊さを表しています。

ここまで「オプトアウト」方式で半ば強制的に参加させられる「入り口の問題」、チームの

「代表」でありこぼれ球を拾う曖昧な「役割の問題」、そして強制的に「降ろされる」という「出口の問題」を見てきました。あえて端的にまとめれば、日本の管理職は**「勝手に参加させられ、勝手に降ろされる雑用係」という世界でも極めて奇妙な姿をしているのです。**

世代闘争から世代「逃走」へ

ジェネレーション・ギャップが問題を放置する

さて、日本の管理職が「罰ゲーム」であることの、より込み入った事情が見えてきました。しかし、本書冒頭で「すれ違い」と言った通り、こうした特殊な管理職負荷の問題は、多くの経営者や幹部たちにとってはまだまだ「どこ吹く風」。あまり関心を持たれていません。そのことがまさに本書を書いている動機でもあるのですが、ここではその「どこ吹く風」状況の理由について考えていきましょう。

会社のルールを作る側が、この状況を放置し続けているのはなぜか、という問題です。

その背景として、**世代間の意識、ジェネレーション・ギャップ**が挙げられます。上の世代の上級管理職ないしは経営層から放たれる「俺の時代はもっと大変だった」という「オレ流根性論」の存在です。ここで「オレ」という男性的表現を使っているのは、そういった根性論の主が、管見の限りはほとんど男性から発されるからです。

例えば、すでに触れた『中堅崩壊』でインタビューが掲載されている伊藤忠商事の会長（当時）の丹羽宇一郎氏の言葉を見てみましょう（［　］内筆者注釈）。


［ミドル・マネジメントが成長するかどうかは］私流の言い方をさせてもらえれば、「DNAのランプが点灯するか、否か」なのです。それは、死ぬまでいつ点灯するかわからない。多くの人は、親からもらったDNAのランプを点灯させないで死んでしまう。それは寂しいことだから、DNAのランプがともるまで努力してほしいと思うのです。

巨人軍をV9に導いた川上哲治氏（元監督）だって、人知れず何倍もの努力をして、DNAのランプを点灯させることができたわけです。彼は「多摩川で何百球かの球を打ったら、球が止まって見えた」と言う。スポーツ選手というのは疲れるまでやる、倒れるまでやる、三昧境《さんまいきょう》になるまでやる。この三昧境になるまでやるのが、本当のプロなのです。そこでランプがともることが多い。「疲れるまでやるのは、誰でもやれる」と彼は言うのですよ。さらに、倒れるまでやる。ここまでできれば、ちょっとした人でしょう。極限は三昧境。心血を注ぐことで、ほとんど寝ていなくても、疲れを感じないどころか、全身に気が充実して、周りの事象がすべて透徹《とうてつ》してくる状況ですね。普通なら倒れるのだけど、無我の境地になれる。そこで初めて球が止まる。これがDNAのランプをともす方法なのです。

仕事も同じです。そこまでやったことがあるかと問いたい。「そんなことをしたら、倒れてしまう」と言うでしょうね。でも、本当に仕事に没頭していたら倒れないのですよ。そして開眼するわけです。

出所：『中堅崩壊』野田稔＋ミドルマネジメント研究会（ダイヤモンド社）

いかがでしょうか。おそらく、現場で苦労している管理職の多くは、自社の社長がこうした発言をしているのを聞いたならば、深いため息をつくことでしょう。それほど前の発言ではないですが、こうした感覚は、中小企業だろうと大企業だろうと、経営幹部層から今でもよく聞かれるものです。**「『罰ゲーム』かもしれないが、だからこそ成長の糧になるのだ」というロジック**です。

筆者は、経営リーダーがキャリアを伸ばしていくにあたって、修羅場の経験やハードな仕事の経験が必要になることを全く否定しません。苦しい経験や幅の広い仕事が、働く人の考え方を変化させ、経営リーダーとしての能力向上につながることは、様々な研究でも明らかにされてきました。

いわゆるジョブ型雇用社会でも、経営幹部層候補となるエリートたちは、ジョブ・ローテーションで会社全体の理解を深めながら、ハードに長時間働いています。「楽に働きながら、社長になれる」という会社は、世界中を見渡しても一部の世襲制企業で見られるくらいでしょう。日本ではそれらの経験が極端に「男性」に傾いているという問題をはらみつつも、上位の経営層にはどこかで「根性論」的なエッセンスが必要になる側面があります。

しかしすでに組織フラット化が進んだ日本では、部長にまでなれるのもごく一部。多くは「部長補佐くらいにまでなれたらラッキー」です。給料も一般メンバーとの差が縮まってきています。「根性論」「精神論」は、転職という選択肢を常に持っている若手層からの「**なぜ〝この会社で〟そんなに頑張らなくてはならないんですか？」という問いに完全に梯子を外されるようになりました。**常に社外に出る「転職チケット」を傍らに携えた若いメンバーにとって、「根性論」「精神論」は時代錯誤なお説教としてしか響きません。

現場の管理職は、その上の上級管理職や経営者との板挟みに苦しみます。経営方針や事業方針と現場状況との板挟みといった戦略的なものではなく、「根性論」と「コスパ意識」というもっと低レベルの板挟みです。現場の声を聞いてみましょう。

「上司が旧弊で非常にレベルが低く、なにかといえば時代遅れの体験談で説教してくる」

（44歳、男性、サービス業）

「業績が悪化しており業界としても厳しいが、打開策も見つからず、役員から提案も出てこない」（56歳、男性、サービス業）

この状況がエスカレートすれば、上の世代は「そんな甘い奴はうちにはいらない！」と「根性論」に寄って、若手とのすり合わせを拒否し、若手側は「では、さようなら」と会社を辞めていってしまいます。こうして、**管理職の「罰ゲーム化」を巡る「世代闘争」は、相互の対話も意思疎通も無い、「世代逃走」に堕ちていきます。**

働く環境はどのくらい変わったのか

ここで、具体的な世代ごとの状況を見て、理解の解像度を高めましょう（図表36）。

今の55歳前後、上級管理職や幹部層の多くが入社したのは、１９９０年前後。１９９０年といえばバブル景気のさなかで、岩戸景気を抜いて史上二番目に長い景気拡大期を迎えた年です。世界では湾岸戦争が始まり、東西ドイツが統一されました。任天堂からスーパーファミコンが、キリンビールから一番搾りが発売された年でもあります。

その頃の女性管理職比率は課長級でもわずか２％。組織フラット化はそれほど進んでいませんでしたし、マネジメントではない専門職の等級制度も一部の職種に限られていました。とりわけ男性にとって「管理職を目指す」ということは当たり前のことでしたし、管理職の見返りも今よりは高かったものです。

では今の20代のビジネス・パーソンはどうでしょうか。30年も経つと、時代状況も大きな違いがあります。世界8位だった一人あたり名目GDPの世界順位は24位と急落しました。サービス産業が大きく伸び、非正規雇用の数は2倍以上になりました。課長級の女性管理職比率は11%を超え、管理職になることによる給与の上積みはかつてほどではなくなってきました。

働き方としても、1990年は公務員の週休二日制が試行された年ですので、その後の年間休日数は大きく増えています。また、近年の働き方改革で長時間労働には法的制限が設けられ、非正規雇用化に伴って全体の労働時間は減少中です。

いかがでしょうか。社会人になりたての頃に経験する状況にこれくらいの違いがあれば、キャリア観が違うのは当たり前ですし、「管理職観」も違って当然です。**そして、今から30年後もまた、状況は間違いなく大きく変わっているでしょう。**今の若い世代もその頃には、「今の若者は昔とは違う」と言い、若手は若手で「社長は古い人間だからわからないのだ」と言っているでしょうか。**双方が安易な世代論で「断絶」を生むのではなく、**互いに「何が・どう違い、何が変わっていないのか」という点は、具体的に理解されるべきです。今、見てきたデータは、その具体的な違いの一端です。

図表36　1990年と2020年の雇用と経済状況比較

	1990年	2020年
一人当たり名目GDP順位	世界8位（149カ国中）	世界24位（194カ国中） ↓↓
第三次産業の雇用者比率	62%	75% ↑
シニア（55歳以上）雇用者比率	14.7%	29.9% ↑↑
非正規雇用者数	881万人	2090万人 ↑↑
女性管理職比率（部長級）	1.1%	8.5% ↑↑
女性管理職比率（課長級）	2.0%	11.5% ↑↑
一般職との賃金GAP（部長級）	215%	198% ↓
一般職との賃金GAP（課長級）	173%	166% ↓
転職者比率	3.5%	4.8% ↑
年間休日数	102日	116日 ↑
月の平均労働時間	172時間	160時間 ※一般労働者 ↓

出所：IMF-World Economic Outlook Datebases、男女共同参画白書、毎月勤労統計調査、労働力調査、賃金構造基本統計調査より筆者が作成

管理職負荷のインフレ構造を説明したとき、この永久機関のようなメカニズムには悪者のような「ラスボスが存在しない」と説明しました。そうした「**悪意の欠如**」に加え、世代間の「**対話の欠如」が、管理職問題の放置を生んだ原因であり、それが30年続いた姿が現在の日本である。**筆者はそう捉えています。

【理論編③】「管理職不要論」を解体する

「ミドル・アップダウン」と管理職期待

管理職問題で興味深いのは、「管理職が組織の要だ」と大きな期待を寄せる言説がある一方で、「管理職は要らない・要らなくなる」と提起する「管理職不要論」もまた、しばしば現れる点です。前者の「期待派」の議論の中で最も有名で洗練されているものが、**経営学者の野中郁次郎と竹内弘高らが提唱した「ミドル・アップダウン」の理論でしょう。**

二人は、著書『知識創造企業』（1996年、東洋経済新報社）の中で、「ミドル・アップダウン・マネジメント」という概念を提唱しました。それによれば、中間管理職であるミドル・マネジャーは、経営トップが持つビジョンとしての「理想」と現場の社員の「現実」

をつなぐ、「かけ橋」としての役割を担っているとされています。

経営トップのビジョンと現実との間にある「矛盾」を解決するべく、現場社員が理解し実行に移せるような具体的なコンセプトを創り出すのがミドル・マネジャーの役割であり、イノベーションや価値がそこから生まれると主張しています。このような特徴は、経営者が中心に戦略を立て、現場がそれを実行する「トップダウン型」で組織運営をすることの多いアメリカ企業と対比してもわかりやすいでしょう。

ミドル・アップダウンの議論はすでに30年近く前のものになりましたが、現場管理職へのこうしたイノベーションへの期待感は、いまだに揺らいでいません。ビジネス速度が速くなれば、情報鮮度が良い現場での意思決定が重要になってきます。現場主導の改善（プロセス・イノベーション）は今でも日本のものづくりの武器ですし、ＩＴベンダーのような情報通信業や飲食のようなサービス業においても、「現場力」こそが自社のコアバリューであると認識する経営者は多くいます。そうしたとき、管理職へと強い期待が寄せられるのです。

デジタル・ツール進化による「管理職不要論」

こうした期待感の言説がある一方で、「管理職不要論」もまた、常に見られる言説です。

この議論はおおよそ二つのパターンに大別できます。

一つ目は、**「デジタル・ツールが管理職の業務を代替する」**という意見です。80年代から90年代後半にかけて、「ＢＰＲ（Business Process Re-engineering／業務改革）」というスローガンのもと、人事・会計・在庫・生産管理などを統合的に管理するＥＲＰ（Enterprise Resource Planning／企業資源計画）という考え方とＩＴシステムが広がりました。近年は、人材管理や労務管理を楽にするＨＲ（Human Resources／人的資源）テック、メンバーのタスクを可視化し、プロジェクトの進捗状況を把握できるタスク管理ツールなどがクラウドで提供され、ＡＩ機能を盛り込んだ新しいツールやサービスが続々とリリースされています。「こうしたデジタル・テクノロジーの発展によっていつか管理職業務は必要なくなる」というのがこのタイプの管理職不要論です。管理職の負荷が高いという議論でも、**「ツールによって作業負荷を軽減すればよい」**という意見はよく出ますし、調査でも、人事部が行っている支援で最も多いものは「ＩＴ化やシステム化などによる省力化」でした。

確かに、デジタル技術の進歩は私たちの職場の光景を変えてきましたし、そうした進歩そのものには筆者も期待している一人です。今もまさに ChatGPT を夜な夜ないじっている最中です。

しかし、ひと度、**現場に降りてみると、ＩＴツールによって劇的に効率が上がったとい**

う話はほとんど聞きません。むしろ「本社から使えないツールを使えと言われて困っている」、「自社構築の管理システムが絶望的に使いにくい」、「必要なカスタマイズができない」などなど、良かれと思って導入されたデジタル・ツールが「余計なおせっかい」になってしまった話をよく聞きます。ITツールやシステム導入でメンバー層の作業を楽にするかわりに、管理職の承認プロセスが増えた、ということもしばしばあります。使いにくいシステムの尻拭いの役目は、決まって現場管理職に回ってきます。「例外事項は、管理職が確認して判断せよ」という文言が利用マニュアルに載せられるたびに、管理職による承認プロセスは増えていきます。

それでもデジタル・テクノロジーは（相当に）うまくいけば、管理職の業務的負担を下げてくれるはずです。しかし本書の第1章【理解編】で見たように、管理職の負担には「心理的負担」と「業務量的負担」があるのです。ツールによって、人と人の相互作用から生まれる心理的負担が下がることは、なかなかありません。

過剰な「デジタル化信仰」はいつの時代にもあり、多くの場合は的はずれに終わってきました。新しい技術が出てくるたびに、「社会が変わる」「仕事が変わる」と声高に主張する人がたくさん現れては消えていきます。パーソナルコンピューターやスマートフォンの発明が、長時間労働を減らすことにほとんど寄与しなかったように、技術発展は労働量の総体を減らしてきませんでした。近年のZoomやTeamsなどの遠隔会議システムの普及が「移動時間もなく、会議が詰め込まれた管理職のスケジュール」を実現してしまっているように、です。また、こうした技術発展による管理職不要論をよく見ると、その多くは最後には「管理職は、本来的な役割こそを行うべきだ」というパターンに落ち着きます。その程度の「遠回りするだけの本質論」のために言葉数を増やす必要はありません。

セルフ・マネジメントによる管理職不要論

「管理職不要論」のもう一つのパターンは、**個々人の自律的な管理が可能な組織ならば、管理職は必要ないという発想**です。これも、しばしば波のように盛り上がる人気言説です。

近年、その代表的なものが、日本でもベストセラーとなった「ティール組織」の議論でしょう。ティール組織とは、フレデリック・ラルーによる『ティール組織』（２０１８年、英治出版より邦訳）で紹介された組織のコンセプトです。

ラルーはこの本の中で、組織の発展を以下のような発達論として展開しました。［　］内に入るのは現在でもその特徴が色濃いとラルーが示している具体的組織です。

・衝動型組織：個人の力・暴力によって支配的にマネジメントする組織［ギャング、マフィ

ア］

・順応型組織：正式で固定的な階層と組織による統制役割を厳格に全うする組織［カトリック教会、軍隊、公立学校］

・達成型組織：階層の中で社会的・物質的な成功を求めることで、上昇していく組織［グローバル企業］

・多元型組織：伝統的な役割から解放された、個々の多様性が認められる平等主義的な組織［非営利組織、社会事業家］

・進化型（ティール）組織：組織を生命体としてとらえ、メンバー一人ひとりの内面的な自己を重視し、全体性（ホールネス）を重視し、セルフ・マネジメント（自主経営）が行われる組織

出所：『ティール組織』フレデリック・ラルー（英治出版）に基づき筆者要約

この5つの発達の流れを筆者なりに言い換えれば、**「権威主義的なワントップ型」から「固定的なピラミッド型」、「上昇志向かつ目的合理的なピラミッド型」、そして「民主的なフラット型」から「精神性を重視したセルフ・マネジメント型」への変化です。**

ティール組織には、権力を集中させたリーダーは存在せず、メンバーそれぞれが対等

（フラットな関係）で、現場において自主的に意思決定を行っていくことが特徴です。

進化型組織についてのラルーの記述は、極めて抽象的かつ曖昧で、生命論的なメタファーを多用して展開されます。また、調査された事例を含め、上記の組織の特徴が混じりあっているがために、要点を摑みにくくなっています。しかし、次のような記述を見ると、それまでの組織段階の「何を克服しようとしているか」は理解できます。

> 今日、企業に蔓延する病気の多くは、恐れに基づく自分勝手な行動に原因があるといっても過言ではない。官僚的なルールやプロセス、際限もなく続く会議、分析麻痺、情報隠し、秘密主義、希望的観測、見て見ぬふり、信ぴょう性の欠如、縄張り主義、内輪もめ、トップへの権限集中といったようなものだ。
>
> 進化型《ティール》パラダイムでは、エゴに動かされる度合いが低いので、こうした企業病をある程度は避けられそうだ。
>
> 出所：『ティール組織』フレデリック・ラルー（英治出版）

このようなラルーの指摘は、官僚制に代表される階層的な組織のデメリットとしてよく指摘される一般的なものです。その「ネタ元」とも言えるのが、米国の社会学者**ロバー**

ト・キング・マートンによる、「官僚制の逆機能」の議論です。マートンは、官僚組織の弊害を、規則万能・責任回避・自己保身・秘密主義・前例主義による保守的傾向・画一的傾向・権威主義的傾向・繁文縟礼・セクショナリズムと整理しました。日常語に言い換えれば、書類と規則の遵守が優先され、決められた以上のことをやろうとせず、自己中心的で、守りに入った仕事しかせず、ヨコの連携は取れなくなるといったことです。

官僚制の「メリット」を見つめ直す

ラルーやマートンに限らず、官僚制に代表されるピラミッド型の分業的組織構造は、しばしばこのようなデメリットが指摘され、現実の諸問題の要因とされて指弾されます。『エクセレント・カンパニー』（2003年、英治出版より邦訳）のトム・ピーターズとロバート・ウォータマンも、『コア・コンピタンス経営』（1995年、日本経済新聞出版より邦訳）のゲイリー・ハメルも、「脱・官僚的な組織」の重要性を唱えて人気を集めてきました。

しかし「逆機能」の指摘があるということは、**「順機能」、つまり官僚制には合理的な側面があるということを忘れてはなりません。**

その合理性・メリットを説いたのが、マートン以前の偉大な社会学者**マックス・ヴェーバー**です。ヴェーバーは、1922年の『支配の社会学』で、「官僚組織」には次のようなメリットがあると説いています。ここで重要なものをピックアップしておきましょう。

・業務を規則で遂行することで、大量の業務を個人的な判断に左右されず、画一的・持続的に処理できること。
・明確で合理的な分業と専門家による業務遂行により、高度で効率的、正確、継続的な業務を可能にすること。
・地位・役割が階級で整然と決まり、権限が上下に配分されることで、組織の安定性を強化できること。
・資格に基づく採用・昇進および身分・年功に応じた俸給および身分を保証することで、恣意的な降格・解任を排することができること。
・業務遂行に個人的・感情的要素を排し、能率を向上させ、組織内外の人間関係の公正さを保持し摩擦を防止できること。

簡単に言えば、「能力や感情にかかわらず」「全体のことを考えすぎず」「専門領域に閉じた仕事ができる」ようにすることで、誰でも公正かつ効率的に仕事がでるようにしたのが官僚制です。**官僚制とは、近代社会の最大のプロセス・イノベーションとも呼べる「分**

業」を、「水平」と「垂直」に組織に埋め込んだものと言い換えることもできます。

ここで、「分業」についても確認しておきましょう。今、「効率化」と言えばＡＩやロボット化などのテクノロジーによるものばかりイメージされますが、人類の飛躍的な生産性向上を導いたのは、「分業」という仕事のやり方です。この分業の重要性を最初にど真ん中から説いたのが、経済学の父、**アダム・スミス**です。アダム・スミスは、『国富論』の中で、一人では1日20本程度しか作れないピンを、作業工程を18に分けて分担することによって、10人で1日4万8000本作れると指摘します。おおよそ240倍もの生産性向上が分業によってできる、ということです。

分業は、作業者が「プロセス全体」のことを考える必要性を無くして、作業Ａと作業Ｂの「間の時間」をカットし、限られた業務範囲への技能習熟を促すことで、全体として圧倒的な効率化を実現してきました。アダム・スミスはこの分業というメカニズムを、経済のみならず社会全体の基礎に置いた思想家としても知られます。

官僚制は、階層的に組織体を積み重ねることによって「垂直的な分業」「水平的な分業」を組織に埋め込んだ構造になっています。組織全体で、「誰でもできる」「再現性がある」「権限と意思決定がクリアである」「狭い範囲でスキルと知識が熟達する」といった分業のメリットを引き出しています。これこそが「官僚制」の組織論的な本質です。一定の能力や知識や身体能力がある者であれば、誰でも多様な職業のいずれかに参加することができる民主主義的な組織参加も、この分業を基礎に可能になっています。

たまに、メンバーや現場管理職に「もっと経営的な意識を持ってほしい」と言う経営者がいますが、これは官僚的な分業の本質を理解していない言葉です。全体のことを「考えないからこそ」、公平に・誰でも・効率よく・業務遂行に参加できるのです。

脱・官僚組織という日本の「ねじれた夢」

さて、大企業病のような官僚制の「見えやすいデメリット」に飛びついて終わらせず、こうしたメリットがあることも頭に入れた上で、思い出してほしい議論があります。本章で見た、組織の「垂直的な分業」と「水平的な分業」のことです。

日本の企業は、外形的にはピラミッド型ですが、垂直的な分業がなされていない「入れ子」構造になりがちです。それでは意思決定が明確化されず、ズルズルと属人的になり、「没人格性」という分業のメリットが活かされません。また、水平的な分業意識も緩いがために、管理職は「チームで仕事をする」代表者となり、部下との人間関係・コミュニケーションの複雑さに怯えつつ、業務上のフォローに奔走することになっています。本章で見たように、日本の管理職はいつまでも長くジョブ・ローテーションをするため、専門性を蓄積させる業務の高度化も妨げられています。

つまり、日本企業の多くは**官僚制組織を「中途半端」に運用することによって、メリットを十分に享受できていないのです。**本来のメリットを活かすのならば、「垂直的な分業」によって、縦のレポートラインはきちんと守られるべきですし、「水平的な分業」によってそれぞれの仕事の領分はもっと各個人に任され、専門領域は狭くされるべきです。

筆者の目には、日本企業は、**ピラミッド型の官僚型組織の半端なメリットを無自覚に享受しながら、目に付きやすいデメリットを嫌がり、「脱・官僚的」な自律型組織への夢を見る、**というねじれた願望を持っているように映ります。

筆者は、ティール組織に代表されるような、管理的ポジションをオミット（省略）したセルフ・マネジメント型の組織運営は、企業のスローガンの一つとしてはありうるとは思っています。ピラミッド型構造と分業モデルが最大に発揮されやすいのは、伝統的な製造業であり、サービス産業化していく経済構造の中で有効性が見えにくくなるという点も重要です。**しかし、そもそものピラミッド型組織のメリットをきちんと理解せずに過度に理想化しても、現実の組織運営は難しいでしょう。**自律型組織は、いつまでも辿り着かない理想郷レベルの話に終わりがちです。

ダイバーシティが進み、人々の働く価値観が多様になればなるほど、セルフ・マネジメントを強調するだけでは、効率が悪く不公平な組織がすぐに出来上がりそうです。また、「優れた自己管理が可能な人だけを集める」というエリート主義的な組織が理想化されれば、社会全体として民主的な職業参加が危ぶまれます。どんな条件でも機能する理想的な組織形態はありません。どんな組織にも良い面と悪い面があり、様々な外部条件とともに変化する。その当たり前のことはやはり押さえておかなければいけません。

---

1 大湾秀雄・佐藤香織（2017）「日本的人事の変容と内部労働市場」（川口大司編『日本の労働市場』）有斐閣, pp. 20-49.

2 久米功一・中村天江〝日・米・中の管理職の働き方――ジョブ型雇用を目指す日本企業への示唆〟日本労働研究雑誌 2020, 725: 19-30.

3 パーソル総合研究所・法政大学 石山研究室「ミドル・シニアの躍進実態調査」

第4章 【修正編】「罰ゲーム化」の修正法

「罰ゲーム」に対する「筋トレ発想」という罠

「スキルと意欲不足」というロジック

まるで迷路のような解けないパズル、バグ（課題）だらけの「クソゲー」となりながらも放置されている管理職。しかし「管理職不要論」のようなユートピアは、ほとんどの企業ではリアリティがないでしょう。では、このゲームの仕様をどのように修正していけばいいのでしょうか。本章で述べていくのは、この「罰ゲーム」の「解消法」です。

管理職の「罰ゲーム化」を修正するには、大きく4つの方向性があります。その4つとは、**「フォロワーシップ・アプローチ」**、**「キャリア・アプローチ」**、**「ワークシェアリング・アプローチ」**、**「ネットワーク・アプローチ」**です（図表37）。これからそれぞれについて議論していきますが、その前に、この管理職問題に対策を打とうとする多くの企業がハマってしまう罠について、警鐘を鳴らしておく必要があります。

その罠とは第2章ですでに触れた、**管理職の負荷が高いのは、管理職自身のマネジメント・スキルが足りないからだという発想**です。管理職に元気が無い、不活性化しているという課題自体は、昨今多くの企業が問題視し始めています。しかし、その対策を考えようとすると、多くの企業人が「マネジャーたちにスキルを身につけさせよ」「やる気を出させよ」「エンゲージ

図表37 管理職問題の修正のための4つのアプローチ

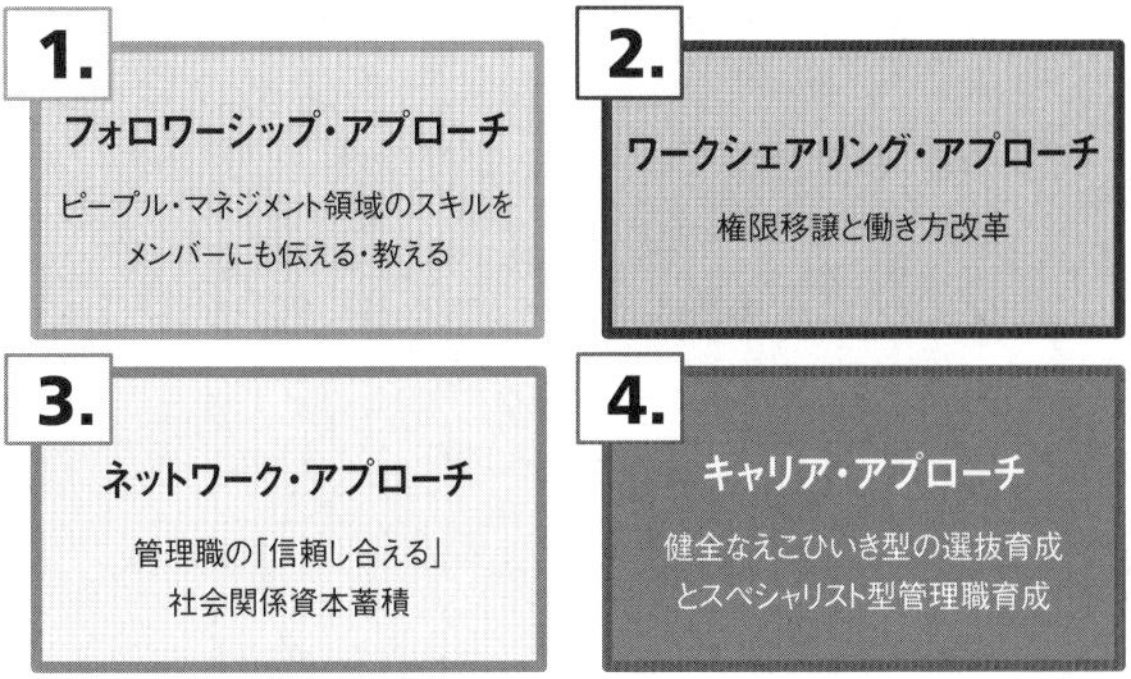
1.
フォロワーシップ・アプローチ
ピープル・マネジメント領域のスキルをメンバーにも伝える・教える
2.
ワークシェアリング・アプローチ
権限移譲と働き方改革
3.
ネットワーク・アプローチ
管理職の「信頼し合える」社会関係資本蓄積
4.
キャリア・アプローチ
健全なえこひいき型の選抜育成とスペシャリスト型管理職育成

出所：筆者が独自に作成

メントを高めよ」という発想に流されていきます。管理職問題を、スキルや意欲といった属人的なものに集約させ、研修トレーニングのメニューを見直したり、追加することを実施します。

これを筆者は、**マネジメント課題の「筋トレ発想」と呼んでいます。**

会社という組織をマネジメントするに当たって重要なことは、他にいくつもあります。

例えば人事部が適切に社員の働き方をコントロールできているか、無理の無い事業戦略が立てられているか、ＩＴへの投資が十分なものかどうかなどです。そうした複数のピースのうちの一つである「管理職のスキル」だけに、管理職の問題点を集約し、帰責させようとする思考。この思考こそがまさに「負荷のインフレ」のループを発生させるとともに、「会社と現場のすれ違い」を加速させています。

確かに、意欲やスキルといったものは重要です。優れたマネジメントができるようになるにはトレーニングも大切ですし、時代に応じたマネジメントの変革も当然ながら必要です。しかし、いくら一人ひとりの管理職の「スキル」や「意欲」が上がったとしても、負担に耐えられなくなってしまうようでは、元も子もありません。

こうした組織運営におけるリーダーへの期待偏重のことを、学術的には「**リーダーシップ幻想（Romance of Leadership）**」と言います。[1] 会社の業績や組織の状況を生み出す原因をことごとく「リーダーが発揮しているリーダーシップに原因がある」と結論づける傾向のことです。経営や人事と話していると、こうした思考傾向を極めて強く感じます。

リーダーシップ幻想を保ったまま、「リーダーが自社の中にはいない」と判断した企業は、次にリーダーを「外部」（中途採用）に求め始めます。しかし、内部情報と信頼を蓄積していない外部者が、入社後すぐにリーダーシップを発揮できるかというと、なかなか難しいものです。筆者は王子様のようにリーダーが外から突然現れてくれることを期待するという意味で、こうした期待を「**白馬のリーダーシップ待ち**」と呼んでいます。

さて、このリーダーシップ幻想に包まれた「筋トレ発想」が、組織全体に広がっていくとどうなるでしょうか。

まず、**増えていくばかりの研修が、管理職の負担になっていきます。**「役に立たない研修ばかり増やしてくる」や「コンプライアンス研修などの義務的な研修ばかりが増えてくる」という会社方針への不満は、管理職からよく聞かれるものです。このように人事と現場の距離が開いていけば、他の重要な人事施策の有効性にも悪影響を及ぼします。

そして**「個人として強くならなければ」というプレッシャーが会社全体に広がれば、管理職のハードルはますます高くなります。**すると女性たちが「あんな大変なポストに就く自信が無い」という理由で意欲を抑制していきます。私は、女性から「管理職としてやっていく力が自分にあるかどうか不安だ」「経験が私には足りない」という声を聞くたびに、「筋トレ発想」が一般メンバーにまで浸透していることを強く感じます。

「次世代リーダー育成」という永遠の課題

では、なぜ多くの人事や経営者、そして個人までもが「筋トレ発想」に陥ってしまうのでしょうか。社会全体の個人主義化など、マクロな社会動向から指摘することもできますが、いくつかの誘因を整理して指摘しておきましょう。

最も大きいのは「次世代リーダー育成」という課題です。

すでに触れたように、将来、会社の経営陣・全体のリーダーとして立ってくれるような気概とスキルを身につけた人を育成したい。そのために経営的な観点を身につけてもらい、組織全体を率いるマネジメントとしてスキルのベースを高めてもらいたい。そうした次の世代のリーダーを管理職から育成したいという願望は、特に経営陣を中心に非常に強いものです。

もう一つの誘因は、「スーパー管理職」の存在です。

多くの会社の中には、対人コミュニケーション力や情報収集力、発信力など、マネジメントに必要なスキルを兼ね備えている非常に優れた「スーパー管理職」が、ごく少数ですが存在するものです。企業経由でヒアリングを依頼すると、そうした素晴らしい管理職を紹介されることも多くあります。優れた管理職の中には、会社のトレーニングによってスキルが身についた人もいるでしょうし、個々の才能、様々な経験の中で身につけてきた人もいるでしょう。

そうした自社にいる「スーパー管理職」は、会社の中での「ロールモデル」になっていきます。「第二、第三の●●さんを育てなければならない」「●●部の彼のようなマインドを持ってほしい」。こうした個別ロールモデル発想で物事を考えれば、とたんに「筋トレ発想」に吸い寄せられていきます。

「筋トレ発想」への**最後の誘因は、市場に「管理職トレーニング」という飛びつきやすい「解決策」がすでに用意されていること**です。

数ある研修ベンダーや講師から研修パッケージを提案させ、そのうちの良さそうなものを取り入れれば、管理職の問題に会社として「何かをやっている」「手立てを打っている」ことになります。研修の調整・運営という「前例」がいくらでもある解決策は、容易で飛びつきやすいものです。

繰り返しましょう。マネジメントの意欲やスキル、そしてトレーニングが組織運営や個々の管理職にとって重要であることは、今も昔も変わらずに疑いようのない真実です。しかし、問題の解決法が、そうしたスキル向上や意欲の称揚に偏っている状態は、管理職の「罰ゲーム化」という全体トレンドに対して正しくありません。リーダーシップ幻想の誘因を客観視し、他にできることが無いかを冷静に見定めるべきです。

金銭的手当は万能ではない

もう一つのよくある発想である、**管理職に対する「金銭的手当」**についても補足しておきましょう。すでに、一般職と管理職の賃金の差が長期的に小さくなってきていることを指摘しました。金銭的手当とは、役職手当や賃金制度の改定で、この賃金差を大きくすることです。この手法は有効なものでしょうか。

先日、管理職の人気が落ちていることを危惧したとある会社が、数十万円の管理職手当を新たに設ける施策を実施したそうです。管理職の年収は数百万円上がることになります。人件費をなんとか抑えようとする会社が多い中で、思い切った施策です。

しかし、なんとそれでも、社内の若手からは「そんな手当をつけられても、生涯年収が下がるのでやりません」と言われてしまったそうです。「市場価値が下がる日本の管理職」、「タイパ（タイムパフォーマンス）」の悪さの問題の根の深さを痛感した事例です。

心理学では、「**アンダーマイニング効果**」という効果が知られています。内発的な動機によってなされていた行為に金銭的対価が支払われることによって、逆にその動機が失われてしまうという効果のことです。この効果はいつでも発生するものではないのですが、管理職のやりがいを金額換算し「計算可能」なものにしてしまうことは、逆に「タイパ」を意識させることを助長してしまうのかもしれません。

むろん、管理職の役職手当に意味が無いわけではありません。例えば、先の企業はもともとのベースの給料が業界内でも高いという特殊な事情がありました。残業手当によって管理職と一般層の賃金の「逆転現象」が起こっているような企業には、賃金制度の再設計は必須の作業です。現実に即して十分に差がつくようにしなければなりません。

しかし、それでも企業はいつまでも手当を増やし続けるわけにもいきませんし、負荷が高ければ管理職のなり手は減っていくでしょう。金銭的手当は重要であると同時に短期的かつ表面的な解決策であることは否めません。

やはり、「筋トレ発想」や「金銭的手当」以外の選択肢を持って、問題にアプローチする必要があります。その他の選択肢こそが、今から論じる4つのアプローチです。

1 「フォロワーシップ・アプローチ」――「同じ土俵」をいかに作るか

メンバー層へのトレーニングの圧倒的不足

最初に見ていく「フォロワーシップ・アプローチ」とは、**管理職の部下、つまりフォロワーである「メンバー層」へのトレーニングを増やす、というアプローチです。**

国際的に日本企業の人的投資額は極めて低いことが指摘されています。そして限られた人材開発予算の宛先も、「新人」と「管理職」に偏り続けています。必然的に、**日本企業の人への投資が最も薄くなる領域は、非管理職である中堅以上のメンバー層への訓練です。**40～50代の非管理職に聞けば、10年以上研修を受けていないという人が半数近くに上ります。

今、このような人材投資の少なさが省みられ「リスキリング」と「DX」が話題になり、研修やトレーニングの少なさが見直されようとしています。しかし、現在のリスキリングの議論は「デジタル技術」や「DX人材」といったものに偏りすぎています。こうした日本のリスキリングの課題と処方箋については、すでに拙著『リスキリングは経営課題』（2023年、光文社）という本で1冊まるごと議論していますので、そちらをご参照下さい。

この「フォロワーシップ・アプローチ」で議論したいのは、ITスキルのようなオペレーショナルなスキルではなく、対人関係やコミュニケーション、部下育成といった領域、つまり「ピープル・マネジメント」の領域です。

すでに述べたように、管理職の頭を悩ませ、最も心理的負荷を高めていたものこそ、まさに「部下とのコミュニケーション」の問題、つまりピープル・マネジメントの問題でした。

素人とのキャッチボールのために大谷翔平を育てる?

「非管理職への訓練の少なさ」と「ピープル・マネジメントの重要性」と「筋トレ発想」。この3つが組み合わさることで、**ピープル・マネジメントの問題は「管理職向けの、対人スキル・トレーニング」へと偏っていきます。**多くの組織問題に対し「管理職向けのコミュニケーション研修」「管理職向けの対話研修」「管理職向けのハラスメント研修」「管理職向けのキャリア自律研修」が、解決策として実施されていきます。

今、企業が当たり前のように行っているこの「偏り」の何が問題か、おわかりでしょうか。

これらの根本的誤りは、対人関係という「相互行為」の問題を、「管理職の側のスキル」で解決しようとしていることです。そうした片側だけの訓練では、コミュニケーション参加者同士がともに土台とするべき「共通前提」が構築されないため、大きな効果は期待できません。

人と人とのコミュニケーションをキャッチボールにたとえると、**管理職だけのトレーニングは、より優れたキャッチボールをさせようとして「片方の投げ手だけ」に居残り練習をさせているようなものです。**外部コーチ（研修講師）の指導のもと、その投げ手は変化球や剛速球を投げ分け、正確なコントロールを身につけるかもしれません。しかし、野球の素人と大谷翔平がキャッチボールをしても、身につけたスキルは無駄になるだけです。訓練を受けなければ、誰も160キロの球など捕ることはできません。

前述したように、現代の部下マネジメントが困難になってきている理由の一つに、職場のダイバーシティが進んできたことがあります。職場メンバーが多様になるほど、コミュニケーションのベースとなる共通前提は失われていきます。以前だったら通じた話が通じない、かつてみなが持っていた常識・知識が失われている……。もともと違う個性を持つ部下と上司が、さらに「互いに考えていることがわからない」という断絶的な状況になりやすい時代です。

例えば、研修で企業側が管理職に「部下へのフィードバックが大事だ」といくら言っても、フィードバックをまったく受ける気の無いメンバーが放置されていては、問題は解決しません。管理職が「自分のフィードバックの仕方が悪いのだ」と自身を責めるだけでしょう。

スムーズな意思疎通に大事なことは、両者を「同じ土俵に立たせる」ことです。物事について「何が大切なのか」「会社はどう考えているのか」といった、認識のベースとなる意識・知識・情報を与えることです。キャッチボールで両プレイヤーのスキルや呼吸、テンポを「揃える」ことが必要なように、管理職が部下と目線や情報を合わせるには、「両者」へのトレーニングが必要です。

「リーダーシップ偏重」は先進国の多くでも見られ、リーダーシップ研究においてしばしば批判され、その代案として、リーダーについていく側の行動、つまり「フォロワーシップ」への研究がなされてきました。**「フォロワーシップ・アプローチ」とはつまり、「脱・リーダーシップ偏重」なのです**（図表38）。

リーダーシップを学ばせることと、リーダーシップが「発揮されること」は同じではありません。第1章で紹介したミンツバーグも、「リーダーシップにこだわればこだわるほど、好ましいリーダーシップの実例が減っていくように見える」と述べています。「管理職」をリーダーとして捉え、リーダーこそが課題を解決するべきと強調し、「やるべきこと」をアドオン（追加・拡張）すればするほど、結果として管理職はリーダーとしての役割が果たせなくなる。研修や新しい組織課題に追われ、プレッシャーは高まりつつも、現実は降りかかる業務をなんとかするだけで手いっぱいである現在の管理職の問題を射貫いた、見事な慧眼です。

図表38 「フォロワーシップ・アプローチ」とは

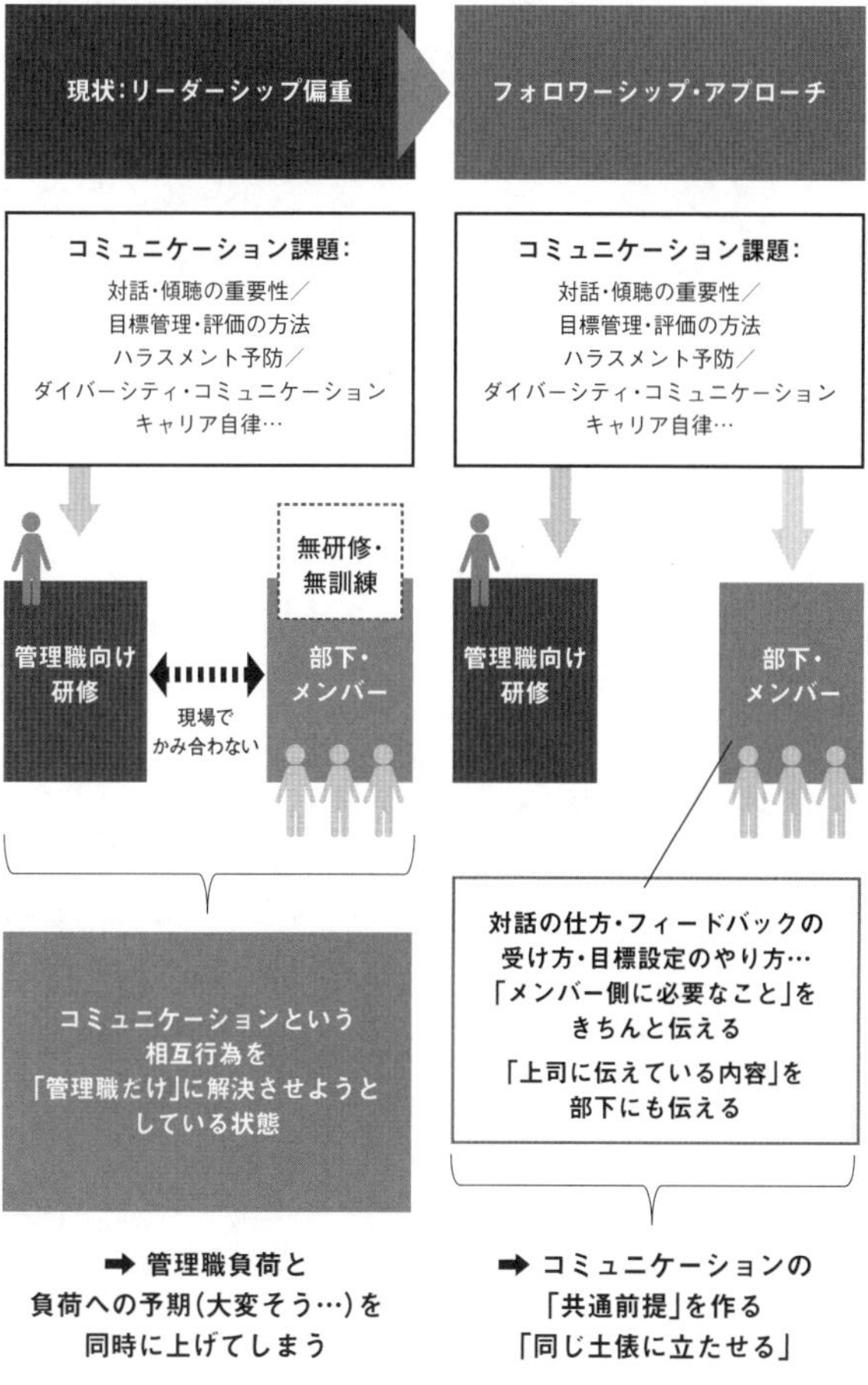
現状：リーダーシップ偏重
フォロワーシップ・アプローチ
コミュニケーション課題：
対話・傾聴の重要性／
目標管理・評価の方法
ハラスメント予防／
ダイバーシティ・コミュニケーション
キャリア自律…
コミュニケーション課題：
対話・傾聴の重要性／
目標管理・評価の方法
ハラスメント予防／
ダイバーシティ・コミュニケーション
キャリア自律…
無研修・
無訓練
管理職向け
研修
現場で
かみ合わない
部下・
メンバー
管理職向け
研修
部下・
メンバー
コミュニケーションという
相互行為を
「管理職だけ」に解決させようと
している状態
対話の仕方・フィードバックの
受け方・目標設定のやり方…
「メンバー側に必要なこと」を
きちんと伝える
「上司に伝えている内容」を
部下にも伝える
➡ 管理職負荷と
負荷への予期（大変そう…）を
同時に上げてしまう
➡ コミュニケーションの
「共通前提」を作る
「同じ土俵に立たせる」

出所：筆者が独自に作成

リーダーシップ偏重の例としての「目標管理」

リーダーシップ偏重型の「筋トレ発想」が典型的に表れる場面を、より具体的に見ていきましょう。例として挙げるのは**「目標管理」と「人事評価」についてのトレーニング**です。

日本の目標管理制度は、成果主義の時代に中小企業まであっという間に広がった、いわば成果主義の「レガシー」です。期初に従業員が個別の目標を立て、上司とすり合わせ、期末に目標を評価し、その評価が昇格や賞与の配分に用いられていきます。MBO（Management by Objectives／目標管理制度）という仕組みです。

この目標管理と評価プロセスは多くの企業で形骸化し、まともに機能していないにもかかわらず、誰もがやらなくてはならないタスクとして管理職の時間を奪い続けています。すでに多くの企業は、目標管理について強い課題意識を抱いています。筆者が実施した企業人事・経営に対する調査では、目標管理に対して「従業員の仕事へのモチベーションを引き出せていない」「従業員の成長・能力開発につながっていない」「成果を出した人材に報いる処遇が実現できていない」とする企業が半数を超えました（**図表39**）。

こうした目標管理制度がうまく機能するには、どのようなことが必要なのでしょうか。簡単に、研究から得られた知見を述べましょう。

目標管理制度がうまくいくかどうかは、**その制度の精緻さや厳密さではなく、従業員側にあ**

図表39 **企業が感じている目標管理制度の課題**

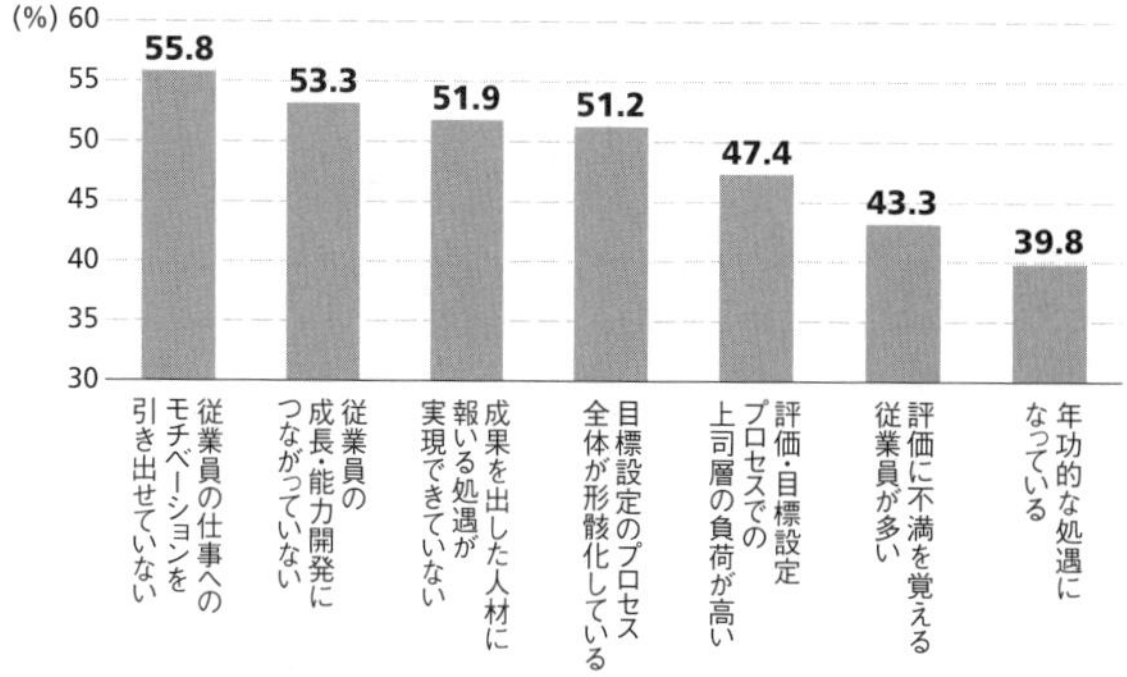

出所：パーソル総合研究所「人事評価と目標管理に関する定量調査」

る**「制度への見方」が多大に影響しているということがわかっています。**こうした**人事評価や目標管理制度に対する、評価される側（従業員）の見方・視点のことを、筆者は「暗黙の評価観」**と呼んでいます。

例えば、評価というものは、「自分の成長度や、今の課題を確認するためにある」「仕事の計画を立て、意欲を高めるためにある」といった前向きな評価観などが持たれているとき、目標管理はうまくいっていました。反対に「無理にでも仕事をさせるためにある」といった「やらされ感」満載の評価観を持たれていると、目標管理はうまくいきません。

こうしたメンバーの評価観を、「リーダーシップ偏重」の訓練で変えることは不可能です。日本の目標管理は多くの場合、部下が目標を立て、部下が自己評価します。そうした目標の立て方の誤りや評価基準のズレなどのハレーション（悪影響・悪作用）が、管理職の負荷を上げます。

まずはストレートに、メンバー層にも「会社が何のために目標管理を行っているのか」「評価の狙いは何か」「目標はどう立てればいいか」「フィードバックをどう受け止めればいいか」といったことを伝える機会が必要になります。

しかし現実には、8割弱のメンバー層は、目標設定や評価についてのトレーニングを受けていません。ほとんどの企業で実施されているのは、管理職への「評価者研修」ばかりです。

だからこそ、現場を覗けば「過去の目標のコピペ」ばかりの目標設定や「メールで済まされる評価フィードバック」のような形骸化した目標管理ばかりが蔓延することになります。部下を10人以上抱えている管理職においては「形骸化させないと仕事が回らない」という悲惨な状況も散見されます。本来の目的である「従業員の成長支援」のための目標管理を行うには、目標管理そのものの目的や、人事評価の狙いをメンバーへ伝えることは必須作業です。

ハラスメント研修の副作用

「リーダーシップ偏重」の悪影響は「**ハラスメント研修**」でも起きています。

近年、ハラスメント防止の機運が高まる中で、管理職を対象としたセクハラやパワハラについての研修や、ハラスメントを含むコンプライアンス遵守のための研修が数多く行われています。管理職たちは「時代は変わった」「自分たちの若い頃はハラスメントだらけだったなぁ」などと時の流れを感じながら、粛々とハラスメント研修を受け続けています。

そうしたハラスメントへの厳格さが「回避的なマネジメント」につながっていることは、すでに第2章で指摘しました。十分なフィードバックができない、飲み会やランチに誘えない、仕事を任せることもできない……。ハラスメントへの意識が高い上司ほど、こうした状況に陥りがちです。上司からの適切な助言や指摘、そしてコミュニケーションそのものが少なければ、部下は成長できません。データで確認してみても、上司に心理的距離感を感じている部下ほど、成長実感を得られていません（図表40）。**「ハラスメント防止」は「成長させられない上司」を生んでいます。**

それだけではなく、最新のハラスメント研究では、こうした「**放置型**」**のマネジメントは、むしろハラスメントを「増やす」**ということが明らかになってきています。

関東の地方公務員1000人を対象にした研究では、上司が放任型だと半年後にパワハラが新規発生するリスクが4・3倍、部下がメンタルヘルス不調になるリスクが2・6倍になっていました。[2] ノルウェーでの研究でも、上司が放任型であることと、職場環境の不安定さや、パワハラやメンタルヘルス不調の発生が関連していると示されています。[3]

確かに、上司がハラスメントの加害者になる場合が多いですし、あまりにも古い昭和のマネ

図表40 上司との心理的距離感と部下の成長実感の関係性

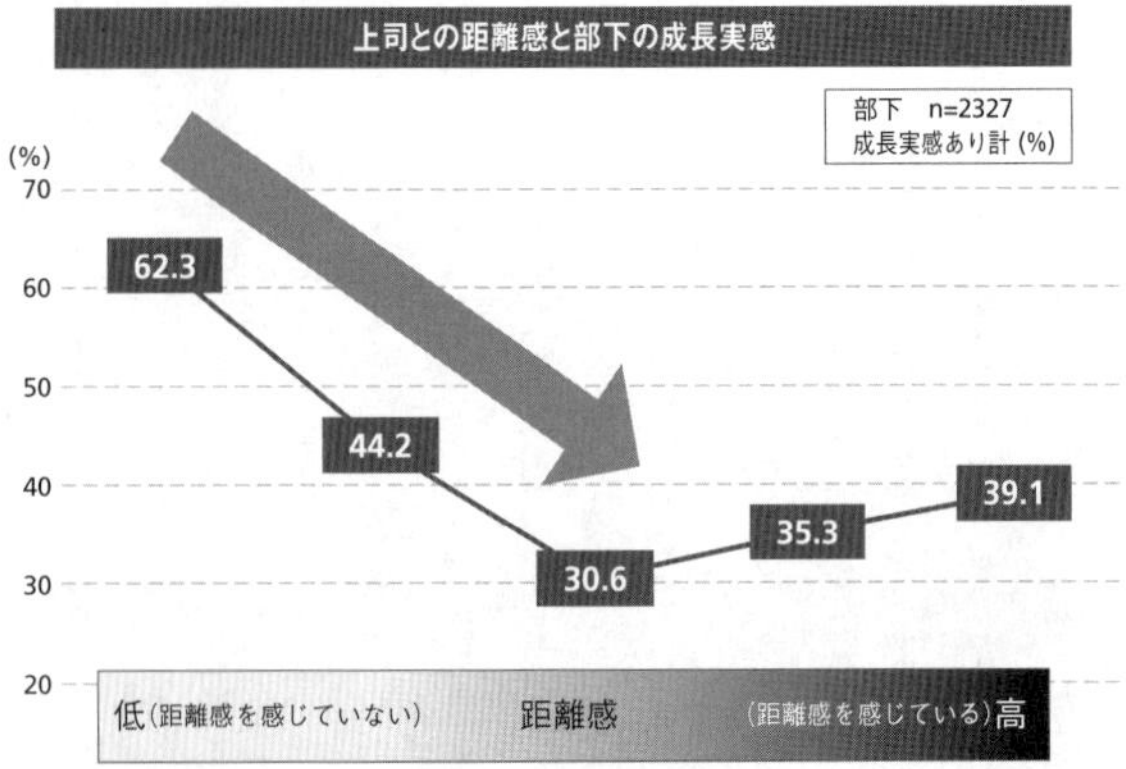

出所：パーソル総合研究所「職場のハラスメントについての定量調査」

図表41 ハラスメント研修の副作用

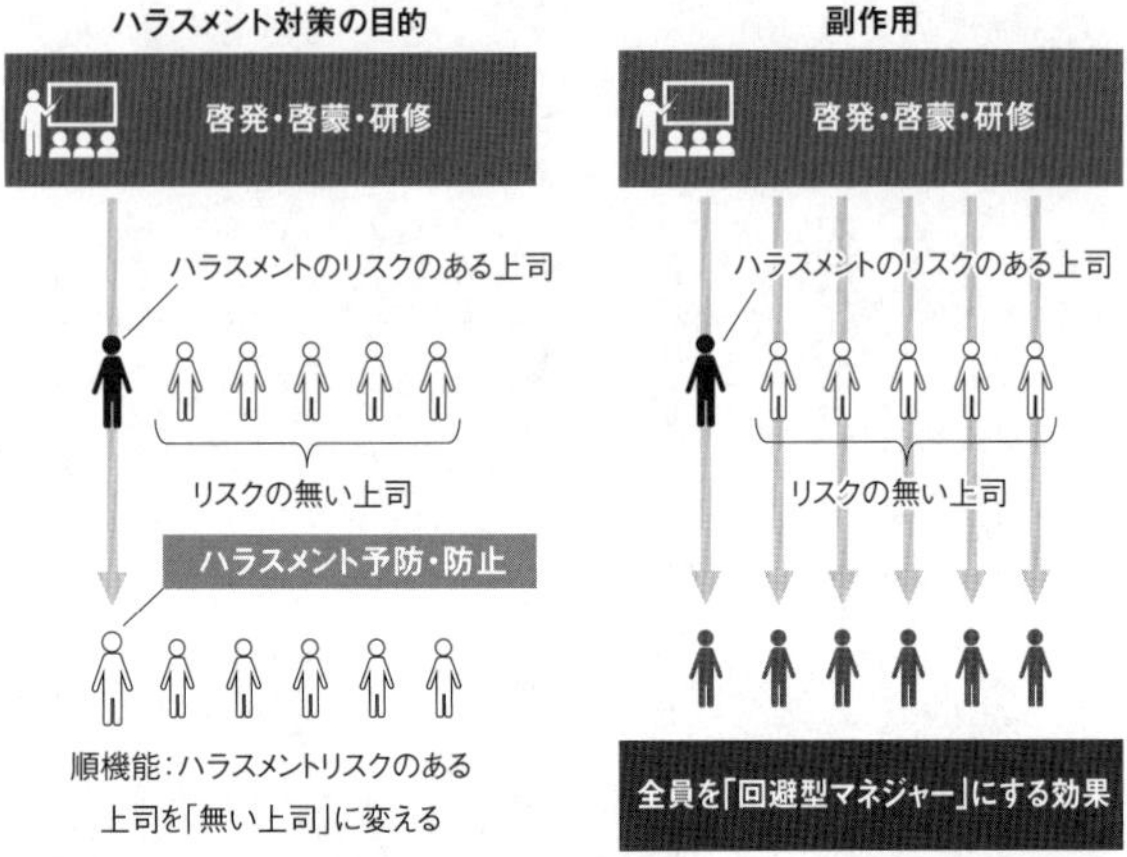

出所：筆者が独自に作成

ジメント・スタイルを続けてしまっている管理職も存在します。しかし、多くの企業では、管理職の過半数以上は、ハラスメントのリスクはほとんど無い「普通」の上司でしょう。「守り一辺倒」のハラスメント研修は、そうしたリスクの低い管理職まで回避的マネジメントへと導いていっています（図表41）。

ハラスメントの基礎知識や実態、判例などの知識はもちろん、**ハラスメントに厳しい組織風土は、前述のような副作用を生むことも含めて、メンバー層にも教えるべきです。**ハラスメントは別に、上司だけが行うわけでもありません。最近は冤罪的なハラスメントの訴えも増えており、人事部の頭を悩ませています。直感的な内容ではなく、データを用いて全体像を伝えることで、ハラスメントを「上司の課題」ではなく、「組織の課題」にすること。メンバーと上司を同じ土俵に立たせることが必要不可欠です。筆者も、賛同いただいた一部企業からこうした研修を実施し始めています。

「フォロワーシップ・アプローチ」の4ステップ

最後に「フォロワーシップ・アプローチ」の取り組み方を、ステップとしてまとめましょう。

【STEP1】 トレーニングの「偏り」を認識する

まずは、自社で現在やっている管理職向け研修やトレーニングを一覧にし、「対人コミュニケーション」に関わるものを数え上げてみてください。

評価者研修、ハラスメント研修、キャリアデザイン研修、対話型マネジメント研修、女性活躍推進などのダイバーシティ推進研修、コーチング研修、リモートマネジメント研修、メンタルヘルス研修などが代表的なものです。その他、階層別研修の中にコミュニケーションに関するトピックが含まれていることも多々あります。

一方で、クリティカル・シンキングやストレス・マネジメントなどの個人に閉じた領域、会計・財務知識などの職務別研修はピープル・マネジメントとは関わりの薄い研修です。

【STEP2】 メンバー層への育成内容の「見える化」(共有)

最初に始めるべきは、**「管理職に対してどういった研修を行っているか」をメンバー層に「知らせる」こと**(**共有化**)です。多くの企業は、管理職研修の内容も概要も、メンバー層には一切伝えず、対象者だけが知っていればいいと考えています。この「管理職トレーニングのブラックボックス化」が、「同じ土俵」でのコミュニケーションを遠ざけています。

人材育成全体がどのような体系になっており、自社の管理職がどのような研修を受けているのか、どのようなことを重視してトレーニングが用意されているか。ざっくりとした方針やトレーニング概要だけでも、メンバー層は知る必要があります。

トレーニングを用意する側は「研修対象者になったときだけ呼び出してくる人材開発室」という存在から脱却し、人材開発のプロとして育成ポリシーの説明をすることが必要です。成長志向の強いメンバー層ならば、それだけでも価値ある情報として受け取ってくれるでしょう。

【STEP3】メンバー層への簡素化したトレーニングの提供

メンバー層向けには、**簡単な e-Learning などで軽く・コストをかけずに、管理職と同様の内容を伝えること（簡素化による共有）ができます。**研修ベンダーや講師と調整しながら、トレーニングの目的・管理職に伝えていること・メンバーに求めることなどを共有します。本当に簡単に伝えるだけならば、社員会や定例会議といった場が使える企業もあるでしょう。

ＳＴＥＰ３はあくまでコストを重視した簡素なやり方ではありますが、管理職にとっては「自分個人ではなく、会社としてのメッセージ」としてメンバーに伝える機能を持ちます。管理職負荷を下げる一つの方法です。

また、単純に管理職向け研修をメンバーも同時に参加可能にする、というやり方もありますが、これは登壇する講師にとってはメッセージを創るのが非常に難しくなる方法です。ディスカッションやロールプレイ、質疑応答も立場が混在すると難しくなる場合が多く、聞いている側も混乱するのであまりお勧めはしていません。

【STEP4】メンバー層向けに、同様の内容を教える（トレーニング範囲の拡大）

きちんと時間をとり、管理職向けのトレーニングとは別のメンバー層へのトレーニングを設計することがSTEP4です。

例えば、キャリア自律研修であるならば、管理職向けにはメンバーとの面談設定やフィードバックの仕方、傾聴の姿勢やマインドセットなどを教えます。一方で、メンバー層向けとして、自律的なキャリア形成についての会社の考え方、公募制や異動希望についての説明、フィードバックの受けとり方、自己開示の仕方、上司以外の相談相手の探し方などを教えることができます。キャリア面談シートなどを導入している企業は、それを用いてどのように対話を進めるかを、メンバー層にも教えることができるでしょう。

知っていることを・知っている状態にする

「フォロワーシップ・アプローチ」のポイントは、**「知っていることを・知っている」という知識へのメタ知識の共有です。**つまり、管理職とメンバー層に同様の内容を教えるというだけではなく、「教えているということを、教える」ことが重要になります。「同じ知識を共有していること」と、「同じ知識を共有しているということを知っていること」は異なります。この二つをきちんと区別した上で、後者まで含めてメッセージングすることが必要になります。

例えば、対話型マネジメント研修ならば、管理職側には「メンバー層にもこの自己開示のポイントは伝えておきます」と伝え、メンバー層には「管理職には、こうしたやり方で対話を行うように伝えています」と伝える。このように、それぞれの研修で、それぞれへのメタ知識を与えるメッセージを確実に入れておくことが重要になります。そうすることで、次にメンバーと上司が対峙したとき、同じ知識を共有しているだろう、という前提で対話を始めることができるのです。

今、コミュニケーション課題のほとんどすべてが「管理職がうまく対処するべきこと」になってしまっています。同じ情報・知識を持たない部下に対して「対話スキル」を一方的に付与された管理職が、頑張って1対1のコミュニケーションを積み重ねる。あまりにも非効率的かつ負荷の高いやり方が、当たり前のように繰り返されています。そうした部分的なコミュニケーションをいくら繰り返しても、知識についてのメタ知識を全体に共有することはできません。

2 「ワークシェアリング・アプローチ」――エンパワーメントとデリゲーション

管理職ワークシェアリングの全体像とベース施策

2つ目に取り上げるのは「**ワークシェアリング・アプローチ**」です。このアプローチの主眼は、管理職の役割を変更したり共有したりすることで、全体の役割や業務量を調整していくことです。管理職の負荷の高さに気づいた企業がしばしば検討するアプローチでもありますが、ただシンプルに「役割の割り振り」「作業の分担」では済まないポイントも存在します。整理して進めるためにも、先に全体像を示しておきましょう（図表42）。

図に表したように「ワークシェアリング・アプローチ」は3つの軸から成っています。まず1つ目の軸として、ベースとなる施策から見ていきましょう。図表42をご覧ください。中でも最初に行うべきは**ベース施策①の現状把握です。中間管理職の役割と業務と負荷、そして実際の労働時間を洗い出すこと。**自社の管理職が置かれている状況を、会社として正確に把握することが第一です。

老舗企業であれば、管理職の役割が「いつの間にか増えている」ということもあります。管理職がどれくらい働いているのか、実質的な労働時間を把握できている企業は少ないものです。会社として良かれと思って入れているシステムや制度が全く機能しておらず、管理職の業務を

図表42「ワークシェアリング・アプローチ」の全体像

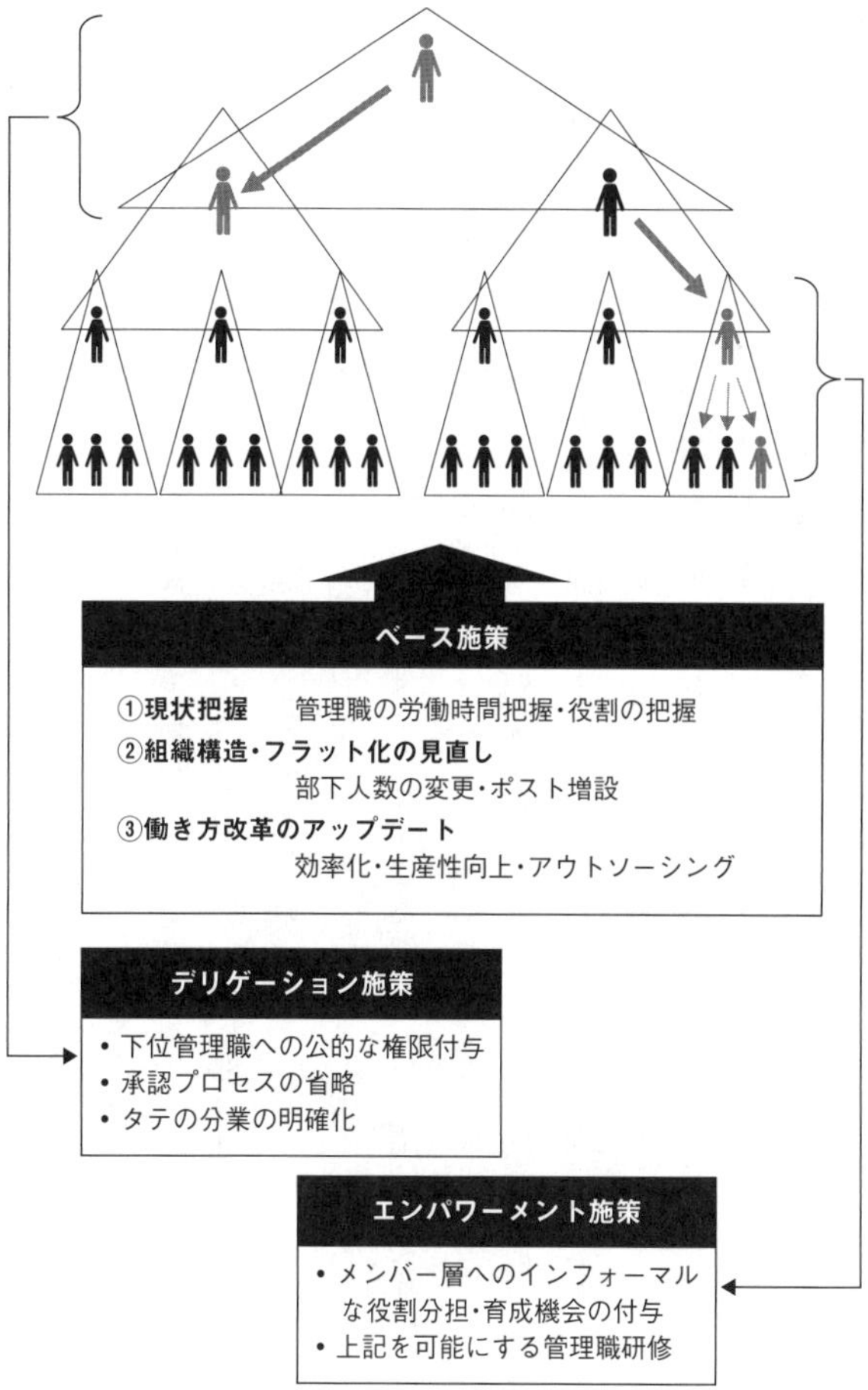
ベース施策
①現状把握　管理職の労働時間把握・役割の把握
②組織構造・フラット化の見直し
部下人数の変更・ポスト増設
③働き方改革のアップデート
効率化・生産性向上・アウトソーシング
デリゲーション施策
• 下位管理職への公的な権限付与
• 承認プロセスの省略
• タテの分業の明確化
エンパワーメント施策
• メンバー層へのインフォーマルな役割分担・育成機会の付与
• 上記を可能にする管理職研修

出所：筆者が独自に作成

増やしているというようなことも、現場に降りてみない限りわかりません。

手法としては直接的な現場のヒアリングはもちろんのこと、**現状把握を目的にしたサーベイ（調査）**を行うことも検討したいところです。実態をデータとして総覧できるようになれば、部署ごとの比較もできますし、どこでどんなことが負荷を高めているのかがわかりやすくなります。社内で経営陣などと議論する際も、そうしたデータを見ながら進めることができますし、定期的に実施することで施策の効果を測定することができます。

次にやるべきは、②組織構造・フラット化の見直しです。中でも、部下人数、スパン・オブ・コントロールの問題は極めて重要です。「部下が多すぎる問題」は部署ごとに事情が異なり、多すぎる部署が長年放置されてしまっているパターンは非常に多いからです。

部下の人数が多くなりすぎると、部下への時間配分が少なくなり、能力開発や成果に悪影響が出ることが知られています。[4] 経験的な議論においても、目標管理から評価まで管轄するとなると、部下人数は7人が限界である、との意見がよく聞かれます。

ちなみに、バブル期前後の組織フラット化の代表格としてしばしば取り上げられたトヨタ自動車も、その後、管理範囲の拡大に苦しみました。グループ長が10名から20名超のメンバーを持つことになり、ＯＪＴ（On the Job Training／職場内訓練）の機能不全と人が育たないという問題が現場から叫ばれたのです。

その対応として、トヨタは２００７年に「組織の小集団化」を導入し、小集団のリーダーにチーム全体の仕事の管理とメンバーの指導・育成に責任を持たせる編制に変更しています。この小集団のリーダーは主に係長相当である主任クラスで、まさにスパン・オブ・コントロールを小さくするものです。[5]

このように**「減りすぎた管理職」と「増えすぎた部下」問題の根本解決のためには、やはり管理するリーダー的ポジションの増加が検討されるべきでしょう。**課長級のファーストライン・マネジャーのポストや、主任・リーダーといった管理職未満のポジションを増設することです。そうしたポストが生まれない限り、若手の昇進意欲を維持できない企業もあります。人件費を抑えることに躍起になってきたバブル崩壊後の日本企業ですが、要となる管理職の体力が削られてしまってはもとの木阿弥です。

ベース施策の３つ目は、③働き方改革のアップデートです。現在の働き方改革は「労働時間上限設定」への矮小化、そして「メンバー層」への矮小化という二重の矮小化を経て、管理職の負荷をむしろ上げているリスクがあります。働き方改革ブームの時期には、トップダウン型の強制的な労働時間管理を行い、経営会議に上がってくる残業時間の減少だけを見て「一定の成果が出た」と言う企業があふれました。

しかし、残業禁止やパソコンの電源オフなどで働く時間に「上から蓋をした」だけの状態では、どこかに副作用が出て当然です。そのあふれた労働時間は、管理職の肩にのしかかっていることがよくあり、それらは会社から見えにくくなっています。

管理職の労働時間も、メンバー層と同様に注視するとともに、その「差」にも目配りし、過重労働や「タイパ逆転」が避けられているかどうかを確認するべきです。そして、表面的なトップダウン型の時間管理だけではなく、組織開発型、ボトムアップ型の残業施策を展開するしかありません。

こうした組織開発的な残業施策の手法については、筆者と立教大学教授・中原淳との共著である『残業学』（2018年、光文社）で詳しく議論しました。そこで行った研究でも、残業削減施策は、上からの「押し付け」では効果が無いことがわかっています。きちんと従業員のコミットメントを引き出せない施策は、現場で骨抜きにされるからです。

現場には、現場従業員はすでにわかっている「無駄」があふれています。それがなぜ無駄のまま放置されているかというと、「誰も言わない」からです。「サーベイによる見える化」をベースに、現場での本当に必要な効率化をチーム内で議論し、対話する機会を設け、それぞれの職務と職場に合った真の効率化を、ボトムアップで実施していく必要があります。

デリゲーション――上位管理職からの権限移譲

「ワークシェアリング・アプローチ」の**2つ目の軸は「上位管理職から下位管理職へ」のデリゲーション施策**です。デリゲーションとは、権限移譲のことです。次に論じる「エンパワーメント」型の権限移譲と区別するためにデリゲーションとここでは呼んでいます。

多くの企業で見られるのは、現場管理職の権限が「少なすぎる」パターンです。端的に言えば、経営や上位管理職が「口を出しすぎる」問題です。第2章で論じた通り、法的規定としての「管理監督者」は、事業経営に関する決定プロセスに関与し、人事権を持つといった、経営との一体性が前提となっています。ところが実際の管理職には、そうした経営との一体性どころか、上位管理職からの指示で目標達成を粛々と実行するだけの権限しか無い場合が数多く見られます。

結果として、現場管理職の業務は、無駄な稟議書、無駄な承認プロセス、無駄なお伺いにあふれています。新しい企画や細かなアイデアの実施にも、逐一書類を出し合議制で進めなくてはならないのならば、管理職の自律性は失われて当然です。ほとんど目も通していないのに判子を押しているような承認プロセスをするぐらいなら、個別判断が可能な予算や権限を増やすべきでしょう。

上位管理職から下位管理職への適切なデリゲーションがなされない理由について、実は本書ですでに述べています。それは、**管理職の階層間の「タテの分業」意識の低さ、そして上位層まで漬かりきっているマイクロ・マネジメントの習慣です。**上位管理職が下位管理職に権限を与えず、逐一報告させ、許可を判断し、管理しようとしてしまえば、下位管理職もまた、「考えない部下」と化します。こうしたマイクロ・マネジメントによる主体性の剝奪が、上から下まで階層的に連なっているのが、大企業病に浸食された停滞した組織です。

管理職が担うオペレーション・マネジメントにおいては、稟議書の電子化やチャットによる進捗管理など、ITツールの導入で効率化できる部分があるかもしれません。これらは作業のアウトソーシングの一環であり全体の効率化のためのものですが、ツール導入と同時に、企業としての承認プロセスや権限を見直すことも検討されるべきでしょう。

エンパワーメント——管理職からメンバー層への権限移譲

「ワークシェアリング・アプローチ」の**3つ目の軸は、管理職からメンバー層へのエンパワーメント施策です。**エンパワーメントはデリゲーションと同じく、基本的には権限移譲の意味で使われる言葉です。しかし、この二つをわざわざ使い分けたのは、エンパワーメントには、メンバー層の力や主体性を引き出す「やりがいの付与」や、今までに無い経験をさせる「育成」の意味合いが含まれるからです。

管理職の役割が多すぎるとき、メンバー層への役割の移譲・シェアは常道です。ここでは、メンバー層の中でも「誰に」シェアするのか、「何を」シェアしていくのかについて整理しましょう。

エンパワーメントとして役割分担したいメンバー層の筆頭は、「**ベテラン社員**」です。今の日本企業は、至る所で「年上部下をうまくマネジメントできない」問題が生じています。多くの場合、ポストオフ後のベテラン社員に対してきちんとした役割が明示されず、力を余らせていたり、「給料の分だけ働けばいい」と行動を縮小しすぎる傾向が見られます。キャリア相談、メンター役、1on2の相手役、技術伝承など、過去の経験や社内知識を活かした役割を依頼すれば、喜んで引き受けてくれる人も多いでしょう。サントリーホールディングスや傘下の企業で実施された有名な施策、シニア社員による「TOO（隣のおせっかいおじさん・おばさん）」がまさに高齢社員に相談役を付与した好事例です。

次に役割分担をしたいのは「**期待できる若手**」です。後継者になりうる若手の育成には、適切なエンパワーメントが欠かせません。管理職見習いの「お試し期間」のように位置づけることで、計画的に役割を渡していけます。これについては、本章内で別途「キャリア・アプローチ」としても論じていきます。

最後に「**スペシャリスト職**」や「**エキスパート職**」など**マネジメント業務を行わない専門職**

も、役割分担の対象になります。私見では、このスペシャリスト制度は日本においてあまりうまくいっていない企業が大半です。そもそもマネジメント、特にピープル・マネジメントが「できない」か「したくない」社員向けに、それでも長期雇用したいという消極的な理由で設置されており、技術認定の水準や実際に従業員が持っているスキルもバラつきがちです。

いくらエキスパート職でも上位のグレードになれば、一定のマネジメント役割を担ってもらうことが必要です。組織全体の方針策定などは難しくても、情報収集や検討、採用活動、後任者の育成や指導、キャリア相談などは、こうした人たちにも任せられます。技術者・専門家が人嫌いで「スキルへの引きこもり」に満足するようでは、いくら個別専門的スキルが高くても大きな仕事はできません。そうした組織貢献も一つの役割であることを、専門職でもグレード要件に明記すべきです。

もちろん外部へのアウトソーシングという方法もあります。特にコロナ禍以降、キャリア・カウンセリングやコーチング、外部支援者との1on1が遠隔会議で可能になりました。オペレーショナルな作業なら、副業者やフェローなどにお願いすることもできます。今の管理職の負担を外部にアウトソースすることで、負荷軽減が期待できます。

エンパワーメントの促進のために

さて、こうしたメンバー層へのエンパワーメントを後押ししていくには、どうしたらいいでしょうか。

まずは、管理職研修の内容をエンパワーメント重視のものに変えることが第一歩でしょう。筆者も研修の講師をするのでよくわかりますが、管理職向け研修は、企業側から「あれも、これも教えてほしい」と要望が多くなり、情報過多になりがちです。結局、「管理職に期待される役割」や「管理職が考えること」を追加していくだけに終わるものが多く、負荷の高い管理職にとっては「無茶を言わないでほしい」というのが本音です。

そうしたとき、エンパワーメントのやり方やコツについて、管理職に伝えていくことは重要になります。これからの管理職トレーニングのポイントは、いかに「すべて自分でやる必要はない」ということを教えるかにあります。その要諦は「部下に任せることこそが、上司の仕事」と教えることです。

また、**「自分の後任者を育てる」ということを管理職の職務そのものにすることです。**「後継者が育たないと、職務を全うしていることにはならない」ということを、職務記述書や目標管理・要件定義の中に明記することです。自分の後継者のサクセッション・プランを作成させるのは、タテの分業がハッキリとしている外資系企業がよくやる手法でもあります。

一方で、それだけでは管理職の「育成」の役割を大きくするだけです。やはりプレイングの役割を減じる必要がありますし、これまで議論してきたワークシェアリングの施策と抱き合わせで多面的に行う必要があるでしょう。すでにアップアップになっている管理職に、「人を長い目線で育てろ、しかし短期目標も必達せよ」と言い続けるのは、理にかなっていません。

こうした「エンパワーメント」や「育成」に管理職の目を向けさせるためには、**「役職の名前を変える」というのも一つの手です。**課長・部長・マネジャー・ディレクターといった管理職ポストの呼称は、企業や業界によって様々です。（外部からは、誰が上位権限者かわかりにくいという弊害がありますが）各企業の判断で行われている以上、人材マネジメント刷新としてのネーミングは検討の余地があります。例えば、リコーの山下良則会長はある記事で、「管理職を支援職という名前に変えてもいいと思っている」と語っています。[6]

また、国内BNPL（後払い決済）サービスを提供するネットプロテクションズは、管理職を撤廃し、「情報」「人材」「予算」を采配する「カタリスト」というポジションを作っています。[7] カタリストは1名に限らず、チーム人数の10％程度で、流動的に交代することが可能です。カタリストの狙いは、最大限まで権限を移譲・共有することであり、まさにエンパワーメントを促進し、柔軟な管理役職の在り方を体現する試みです。

サーベイ向け・管理職の役割一覧

さて、一定以上の規模の企業では、「ワークシェアリング・アプローチ」のための現状把握として、組織や管理職に向けた定量的なサーベイをすることは検討に値します。しかし、定量的なサーベイを行うのはなかなか骨が折れる仕事です。そこで、サーベイで使いやすい一般的な管理職の役割を一覧にまとめました（図表43）。

細かい粒度の役割や業界特性の強い業務はありませんので、こちらの項目をベースに各社でカスタマイズした上で、管理職本人に「現在、自分が担っている役割」を選ばせ、「その役割に感じている負荷の高さ」を最大5点で評価させます。

こうしたデータをとれば、「上位管理職」と「下位管理職」による分担度合い、役割についての負荷実感の高低などがわかりますし、職場や部署による違い、年齢や性別による違いなどを分析することができます。「管理職を続けたいか（継続意向）」や「全体としての負荷・ストレス実感」、また、別調査でメンバー層の「エンゲージメント」や「管理職になりたいと思うか（管理職意向）」を聴取していれば、それらとの関係性を探る深い分析も可能です。

これは「ワークシェアリング・アプローチ」だけでなくその他のアプローチを検討するにあたっての基礎実態となりますし、管理職負荷の問題を経営的なアジェンダに載せるときにも重宝するはずです。

カテゴリ	役割	
	21	組織の業務の適切な配分を行う
	22	オフィス・業務用品の管理・保全を行う
採用活動	23	人材採用に関する方針を策定する
	24	面接などの採用過程に関わる
	25	採用候補者の合否に関する意思決定を行う
外部折衝	26	組織や社外とのトラブルや障害を解決する
	27	組織や社外との交渉を行う
	28	組織を代表して情報の発信を行う
業績達成	29	プレイヤーとして個人の目標業績を達成する
	30	組織全体の目標業績を達成するための施策を検討・実行する
	31	自らのスキルや知識を向上させる
	32	部下の手の回らない仕事をカバーする
コンプライアンス	33	コンプライアンス課題の発生を防ぐ
	34	コンプライアンス課題の発生時に対処を行う
	35	ハラスメントの発生を防ぐ
	36	ハラスメント発生時の対処を行う
価値創造	37	新規事業や新しい業務の企画を立てる
	38	新規事業や新しい業務の企画を上位組織や経営に提案する
	39	業務の棚卸しと評価を行う
	40	事業や業務の投資価値を算定する

出所：筆者が独自に作成

図表43 一般的な管理職の役割一覧

カテゴリ	役割	
部下マネジメント	**1**	部下との定期的な面談を行い、フィードバックを行う
	2	部下のモチベーションを維持・向上させるコミュニケーションを実行する
	3	部下の目標管理・評価を行う
	4	部下の特性を見出し、適切な育成プランを立てて実行する
	5	部下の労働時間の管理・抑制を行う
	6	部下の心身の健康管理を行う
	7	部下と中長期のキャリアについての相談を行う
組織マネジメント	**8**	組織の業務進捗を管理する
	9	組織の業務遂行のための戦略を策定し、実行する
	10	組織風土の改善・向上のプランを策定し、実行する
	11	組織内のトラブルや障害に対応する
	12	組織にイノベーションや変革を生み出すための施策を検討し実行する
	13	組織のコミュニケーションが活性化する方法を検討し実行する
	14	組織内の人材の多様性を高めるための施策を検討し実行する
	15	組織のビジョンを策定する
情報マネジメント	**16**	経営や上位組織の方針を部下に伝える
	17	メンバーの意思や提案を、上位役職者や経営に伝える
	18	機密情報を管理する
	19	社外や市場など外部の情報を収集する
資源マネジメント	**20**	組織の予算案を策定し、管理する

3 「ネットワーク・アプローチ」――絆の「地」をいかに設計するか

管理職同士の信頼関係を構築する

3つ目に検討したいのが、「ネットワーク・アプローチ」です。これは**管理職同士の「ネットワーク構築」の施策**です。相談し合える相手が社内にいることは、管理職が負荷に耐えるときの強みになります。

ヒアリングなどを通じて感じることですが、全国の管理職は今、「同じような悩み」を抱えています。それにもかかわらず、悩みを誰にも相談できず、孤独に追い込まれている人も少なくありません。組織としても、役職者同士の情報共有が豊富になされることは、組織力の底上げにもつながります。

社会学では、相互の信頼で結ばれた人間関係のことを、「**社会関係資本（Social Capital）**」と呼んでいます。管理職の負荷の問題の中で、こうした管理職同士の信頼関係、社会関係資本の蓄積は、負荷軽減策の一つとして期待できるものです。管理職の社会関係資本に関するある研究では、そうしたつながりの強さが、困難な状況に陥ったときのレジリエンス（回復力）を増進することが報告されています。[8]

コロナ禍後にテレワークが広がった企業では、社内のネットワークが途切れがちで、自部署のメンバーなら業務を通じてコミュニケーションを密にとり続けますが、他部署のメンバーとは顔も合わせなくなり、組織のサイロ化（分断され連携がとれない状態）が進むリスクを抱えています。こうした中で、管理職同士をつなげようとする施策を打つ企業は徐々に増えてきた印象です。

ただし、ネットワーク支援を行う上では、考慮しておかなければならない「ツボ」がいくつかあります。まず押さえなければいけないのは、**日本人は世界でもトップレベルに「他人を信頼しない」という事実です。**世界価値観調査の結果を見ると「初めて会う人」への信頼度は、81カ国中、男性は77位、女性も72位と最低クラスです（図表44）。しかも、日本人は皆を等しく信頼しないのではなく、「既存の知り合い」への信頼度は中程度です。つまり、「元々の知り合い」と「初対面の知らない人」とのギャップが極めて大きい国民なのです。これは、自ら積極的に「知らない人」に自己開示し、信頼関係を築いていくという「社会開拓」の力に欠けているということです。

もう一つ、ネットワーク支援を行う上での「ツボ」は、**社会関係資本の核心は「善意（good-will）」、つまり主体的な自発性**にある、ということです。人は、本気で向き合い人格的な信頼を寄せる相手を「他人に決められたくない」ものです。「この人と仲良くしなさい」「この人を信頼しなさい」などと「指示・命令」することは不可能なのです。これまでも社会関係資本の

図表44 「初めて会う人」への信頼の度合い

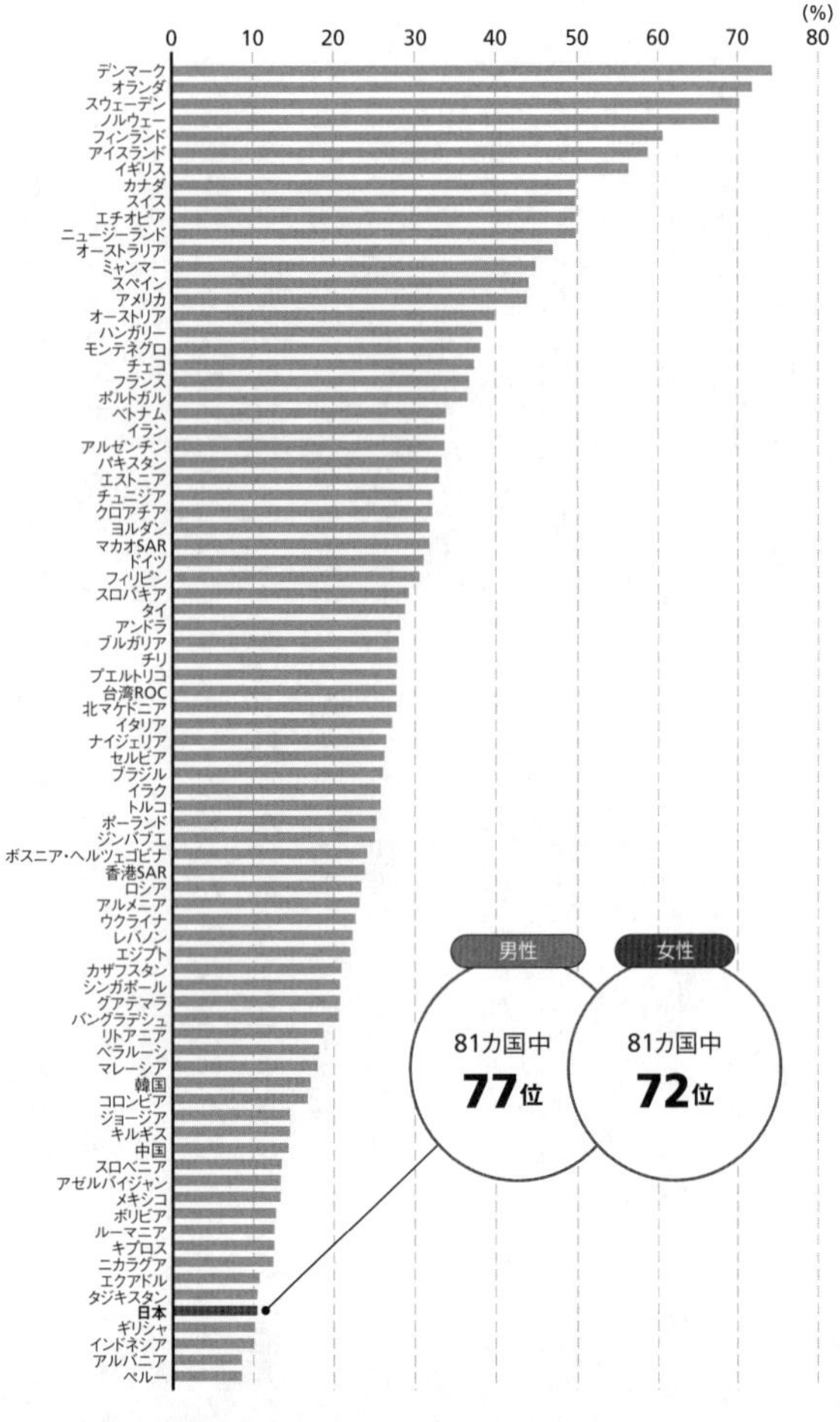

出所：World Values Survey Wave7: 2017-2020より筆者が作成

研究者たちは、**社会関係資本が何らかの行為や施策の「副産物」としてある**ことを強調してきました。社会関係資本とは、単なる「情報交換の相手」でも「名刺交換した相手」でもなく、何かあったときに自発的に「助け合う」「信じ合う」ことのできる関係です。だからこそ、「**ネットワーク・アプローチ」を考えるときには、自発性を発揮するための「スキマ」をデザインする思考が必要になるのです**。何かしらの主目的があり、ネットワーク支援はそれに付随した「副次的」なものとして実施されるほうが適切です。

例えば「管理職相談会」という「お題目」のあとに懇親の席を設けたり、「お悩みカウンセリング」という名で集まったあとにリアルで懇親を深める場を設けるなど、です。この副次的な場こそが「スキマ」です。

昨今のリスキリング・ブームもネットワーク支援に活かせます。学び直し支援として、マネジメント勉強会や読書会などを開催し、会議室の利用から本の購買費用までサポートしたり、事例発表の機会を作ることもできるでしょう。

管理職を集めたベーシックな研修も、こうしたネットワーク作りには有効です。今も昔も、集合型の研修の感想では「結局、研修後の打ち上げで話せたことが一番役に立った」、「他部署の人の仕事が理解できたことがよかった」というものが定番です。

こうした副次的な効果を狙ったコミュニケーション・デザインを戦略的に行うことが、ネットワーク・アプローチでは重要になります。

このような「ツボ」を外したまま、生真面目に「つながりを創ること」を明示的な目的に掲げても、もともとコミュニケーションが得意な一部の人ばかりが集まってしまいがちです。

「ネットワーク・アプローチ」の3タイプ

より具体的に掘り下げるために、「ネットワーク・アプローチ」を3つにタイプ分けしながら示しましょう（図表45）。

1つ目のタイプは「水平型」のネットワーク施策です。これは管理職同士の「横のつながり」を創るものです。具体例としては、マネジメント・ピッチ（進捗報告無しの、カジュアルな管理職の定例ミーティング）やマネジャー合宿、部横断のマネジメント・ワークショップ、管理職研修後の懇談・懇親会、社内兼務制度などが挙げられます。

ただし大きい会社になると、「マネジャーである」という共通点だけでは、自発的に集まったりしません。今挙げたような施策に別の切り口を掛け合わせることをおすすめします。例えば「女性マネジャー」「部下育成に悩むマネジャー」「営業部署の管理職」など、管理職よりももう少しブレイクダウンしたサブカテゴリを掛け合わせたほうが、自己開示を促すフックにもなるでしょう。

2つ目のタイプは、「垂直型」のネットワーク施策です。上位管理職とのつながりが深くなると、昇進意欲の向上や業務のスムーズなコミュニケーションにつながると期待できます。具体例としては、役員によるメンタリング、経営者のかばん持ち、人の紹介・ランチ会や懇親会の開催などが挙げられます。

「水平型」と「垂直型」のネットワーク施策は、部署間・階層間のつながりが薄くなっているテレワーク中心の企業ほど必要になってきます。筆者は、部署間・階層間のつながりを「一次の橋渡し」と呼んでおり、「水平型」と「垂直型」のネットワーク施策をまとめて社内の「一次の橋渡し」施策としています。

さて、管理職の社会関係資本構築は、なにも社内だけに留まる必要はありません。**3つ目のタイプは「越境型」のネットワーク施策です。**これは、社外にはみ出す「二次の橋渡し」をつくる施策群です。例えば、NPOのサポート支援活動や社外研修、大学院での学びのサポート、外部カウンセリングへの接続、社外副業の解禁、他社との相互出向、他流試合型の研修やトレーニングなどが「越境型」のネットワーク施策として挙げられます。これらの施策は、特にコロナ禍以降、実施する企業が増えてきています。

こうした越境的な仕掛けは、業務にある程度の余裕がないとできないものも多いですが、目の前の仕事をこなすことで手いっぱいの、視野が狭くなっている管理職の視座を高めるには有

図表45 「ネットワーク・アプローチ」の3タイプ

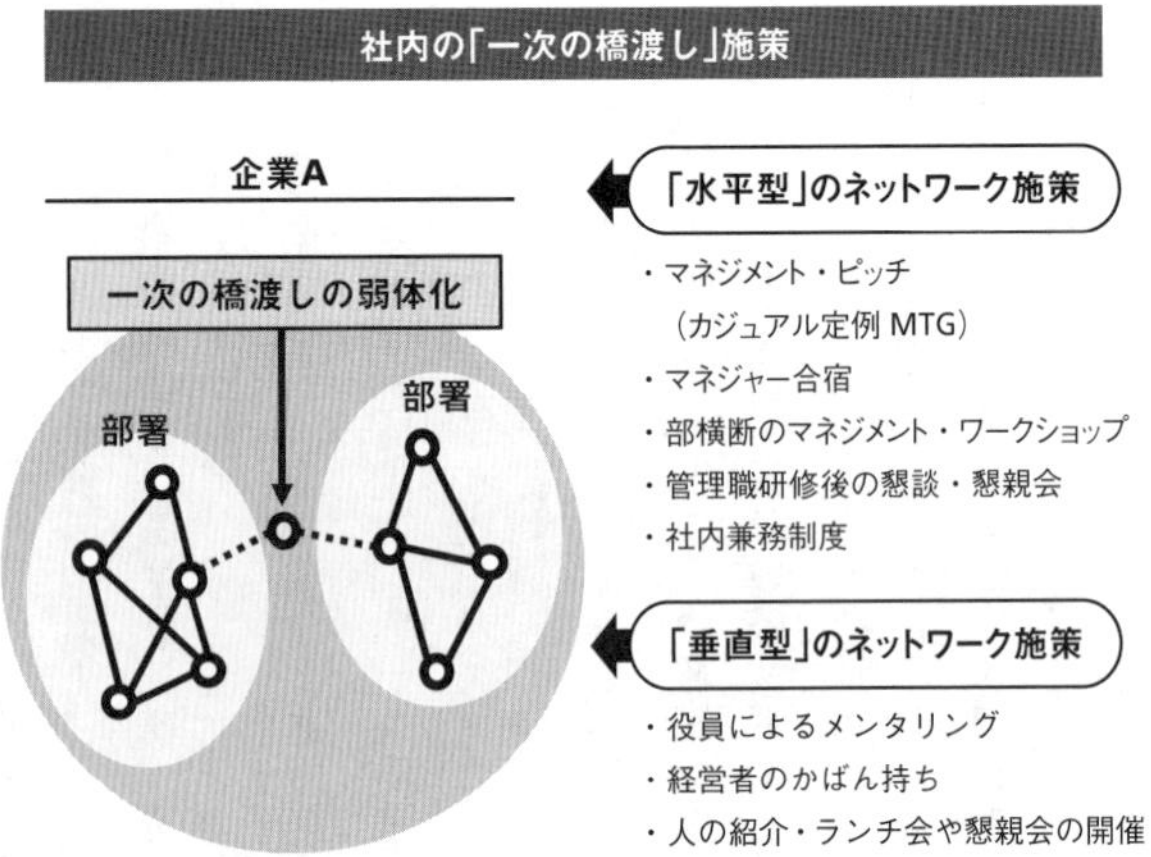
社内の「一次の橋渡し」施策
企業A
一次の橋渡しの弱体化
部署
部署
「水平型」のネットワーク施策
・マネジメント・ピッチ
（カジュアル定例 MTG）
・マネジャー合宿
・部横断のマネジメント・ワークショップ
・管理職研修後の懇談・懇親会
・社内兼務制度
「垂直型」のネットワーク施策
・役員によるメンタリング
・経営者のかばん持ち
・人の紹介・ランチ会や懇親会の開催

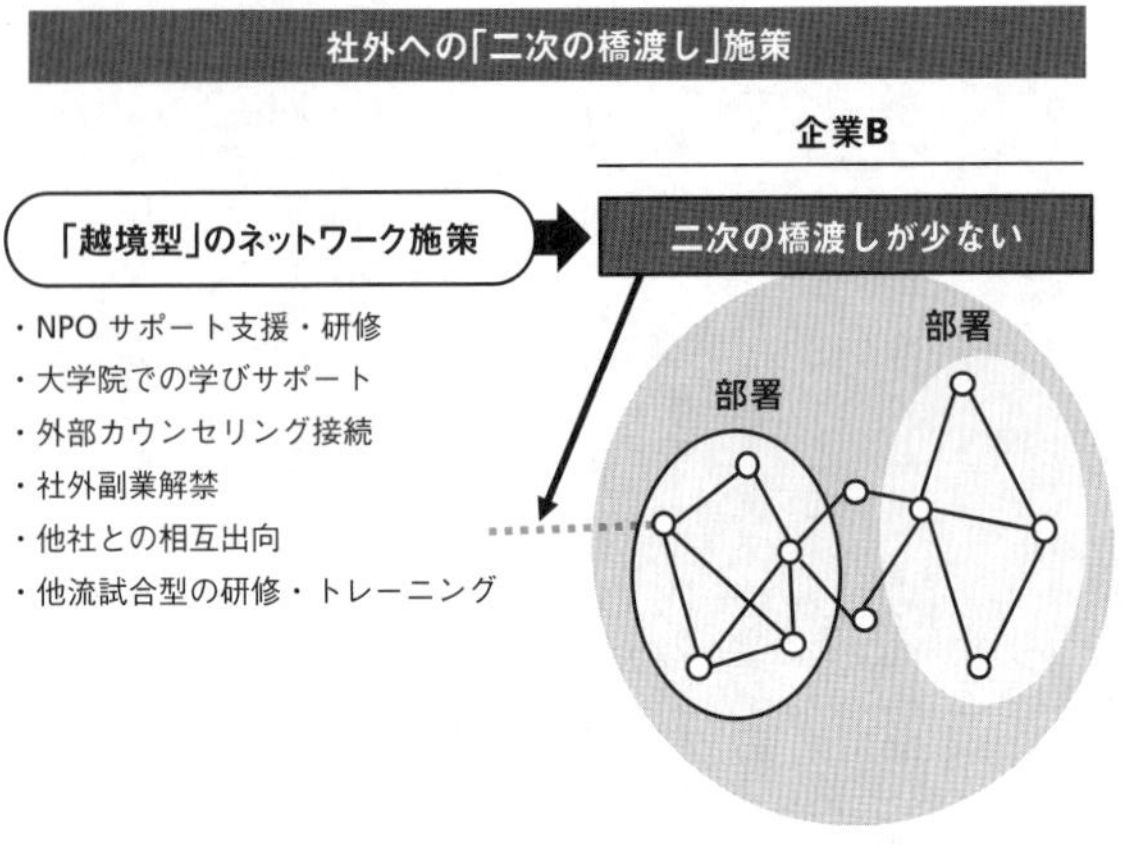
社外への「二次の橋渡し」施策
企業B
「越境型」のネットワーク施策
二次の橋渡しが少ない
・NPO サポート支援・研修
・大学院での学びサポート
・外部カウンセリング接続
・社外副業解禁
・他社との相互出向
・他流試合型の研修・トレーニング
部署
部署

出所：筆者が独自に作成

効な施策です。

4 「キャリア・アプローチ」――「健全なえこひいき」と「行ったり来たり」の組み合わせ

管理職キャリアの構造を変える

「罰ゲーム化」の修正法として最後に取り上げるのが「**キャリア・アプローチ**」です。**これは会社の昇進構造や選抜の在り方を変更するものです。**このアプローチは管理職に課題を感じている企業においても、あまり検討されていません。しかしこれは4つのアプローチの中でも最も根本的なものであり、本章の冒頭で述べた「筋トレ発想」の罠に多くの企業が陥ってしまう背景も、ここに含まれていると言えます。

私たちは、すでに前章で、日本企業の管理職のなり方は、「オプトアウト」方式の「平等主義的競争主義」の選抜であることを見てきました。広い範囲から、幹部層候補を見出そうとし続け、まるで「稲作」のように、均一に優れた稲を育てようとします。

稲刈りが秋に集中するように、日本のキャリアは「同じような年齢」で課長・部長になっていきます。大体32~35歳で主任級、38歳前後で課長級、45歳以降に部長級といった、年齢別の安定的なキャリアコースが存在します。「年輪型」秩序の一つの要因です。

一方で、エリート主義的な欧米企業の多くは、選抜された社員以外を、そもそも幹部候補として扱いません。育っていく過程で少数の優れた実だけを選び出荷する、高級メロンを育てるときのような選抜スタイルです。

管理職全員が、押しなべて「経営幹部候補」とみなされる、世界的にも珍しい日本の雇用習慣。この特殊さは、専門知識や構造的な視点を持っていないと気付けません。

この習慣の特殊さに無自覚だからこそ、会社側は「『罰ゲーム』だからこそ成長できる」「**スキルと意欲こそが必要だ」という「筋トレ発想」に寄っていき、事態は迷宮入りしていくのです。**

必要なのは「健全なえこひいき」

先に「キャリア・アプローチ」で重要な点をまとめておきましょう（図表46）。

【1】「次世代リーダー育成」の候補層は早期に絞り込み、少数向けの特別な育成やトレーニングを計画的に実施していく（サクセッション・プランの明確化と早期化）

【2】それ以外の管理職は、広いジョブ・ローテーションをやめ、役割を限定的にし、一定の専門領域でのポータブル・スキルを蓄積できるトレーニングをしていく

第1章で、管理職という「罰ゲーム」が嫌で期待の若手から徐々に辞めていく、という話をしました。筆者は、これら若手の早期離職に頭を悩ませている企業に、「その若手に、何か特別な育成を施していたのですか？」としばしば尋ねます。

ほとんどの場合、答えはノーです。つまり、期待の若手といっても、「心の中で期待しているだけ」。社内で「できる若手」が誰かは何となくわかっているけれども、そうした従業員を特別扱いして育成を施しているわけではありません。多くの会社は、前掲した【1】と【2】のグループを区別せず、多くの稲（社員）に対し、「自然に育ってきてほしい」「みんなが美味しく育ってほしい」と考えます。それでは優秀な若手が離職するたびに、「逃がした魚は大きい」と言い続けることしかできません。

まずは【1】で挙げたように、若手の管理職候補者を早めにリストアップし、計画的に「可視化」することです。「見込みがある」と各部署が暫定的に判断した候補者のリストを彼らが20代のうちには整え、選抜的な教育訓練の機会を与える「**健全なえこひいき**」が必要です。年間に数人や数十人ずつ「若手向けの特別研修」としてメンバー層から抜擢することで、定例的に訓練を実施することもできます。これは、メンバー層から見ればいわば「武者修行への呼び出し」ですが、選ばれた若いメンバーは、その特別扱いに会社からの期待を感じてくれるはずです。

早期選抜は、女性活躍を進めたい企業にとっても、重要な施策です。すでに述べたように、結婚・出産というライフイベントが来てしまうと、男性は「覚悟」し、女性は「退避」するというジェンダー・ギャップが先鋭化します。それよりも以前に、経験と期待を女性にも厚く振り分けなければいけません。管理職の平均登用年数が若いほうが、女性の管理職比率が上がりやすくなることは、筆者らの調査や他の研究でも確認されています。

そうして選んだ【1】の選抜層には、**早期からの管理職・上級管理職とのパイプラインの強化、個別育成計画の策定、メンター体制の整備など、優先的な育成機会の分配を図ります。**経営との距離が近い中小企業であれば、「かばん持ち」的な経営陣のサポート業務を早めに経験させるといった施策もよくとられます。

すでに若手のエンゲージメントが下がってしまっている組織では、早期選抜されたとしても、若手は「この会社で選ばれてもな……」と感じてしまうかもしれません。しかし、上層部との人的なネットワークや、選抜された仲間とのつながりができてくれば、「会社はダメだが、会社を変えようとする同志はいる」という状態に導きやすくなります。「悪い状況だからこそ、団結する」ということも人にはしばしばあるからです。

しかし、平等意識の強い日本企業は、こうした早期選抜をとにかく嫌がります。入社後の配属を企業が行うがために、「いくつかの職務を経験するまでは、選抜に差をつけない」という

図表46 「キャリア・アプローチ」の全体像

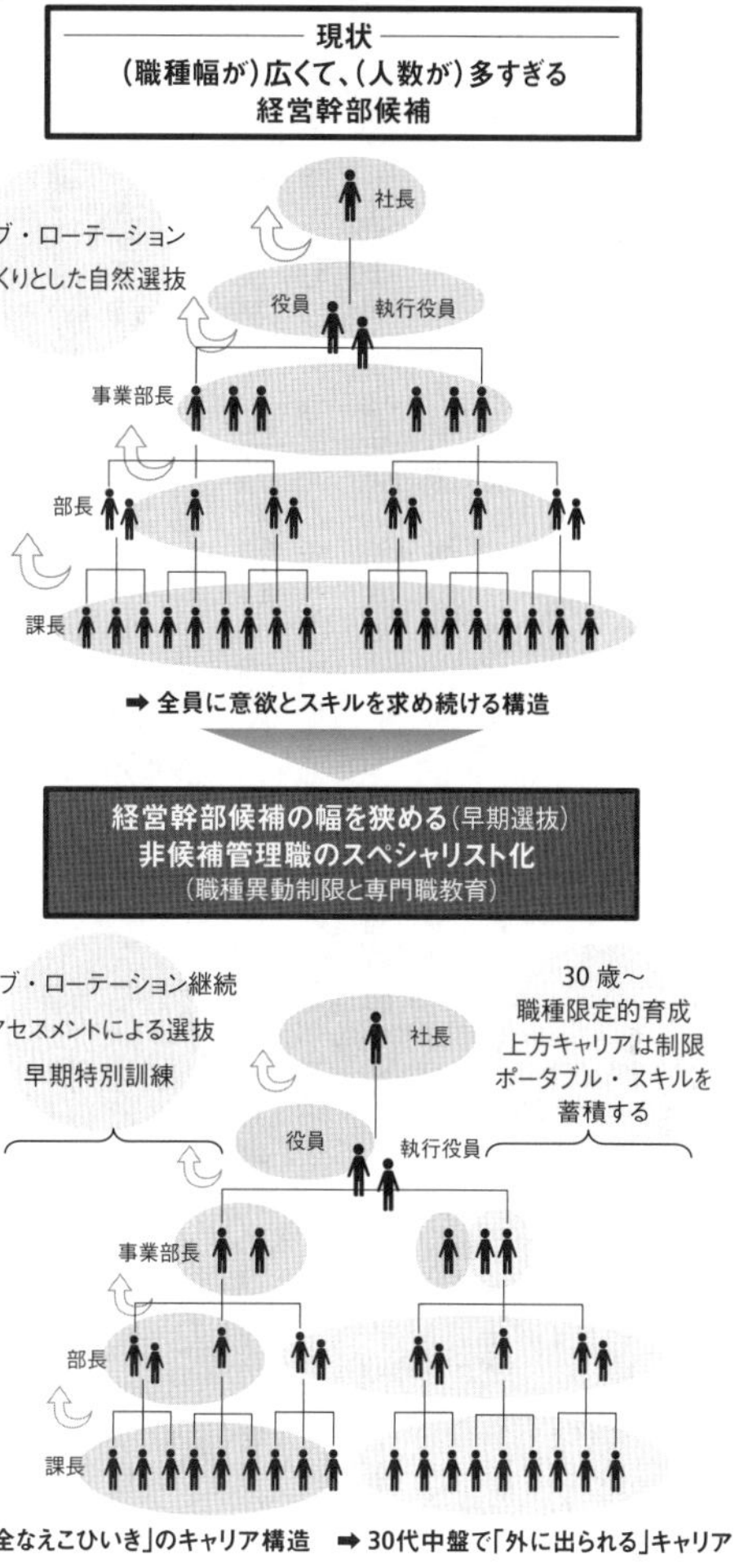

出所：筆者が独自に作成

意識が見られます。人を選ぶという意思決定ができず、「自然に光り輝いてくる稲穂」をズルズルと待ち続けた挙句、「若い層が十分に育っていない」と感じはじめ、「では、中途採用だ」と非戦略的なリーダーづくりを繰り返します。

今、日本企業は高齢化の波に流され、管理職登用のタイミングがかつてよりも遅れていることも、データからはわかっています。入社から20年頑張らないと課長になれないような状況は、今の若者のキャリア観に照らしても時代遅れなものです。

こうした早期選抜を強く実践している企業の一つに、ダイキン工業があります。特にダイキンは、早期選抜における「女性育成」を強く意識しているのが特筆すべき点です。

「D-CAP」(Daikin Challenge "A" Program)という、管理職・中堅クラスが担当する難易度のジョブに入社2~5年目の若手社員をアサインする選抜型育成プログラムを実施し、さらに入社3~8年目程度の女性を対象に、別のプログラムも実施しています。そこでは若手女性を年間20~30人ほど選抜し、リーダー研修を行います。

同社では、女性の意欲を向上させるため、キャリアや職場に関する相談を受け、アドバイスをする「メンター制度」や女性リーダー候補者の昇進を直接的に支援する「スポンサー制度」を導入し、ライフイベントが来る前から女性の意欲を高めることができたそうです。

女性管理職比率の向上は、「数合わせ」と批判されがちですが、それは経験が少なく、十分に育っていない女性を無理に登用しようとするからです。早期に期待をかけ、特別な育成をすることによって、実力が十分にある女性が管理職候補に連なることになります。

「非幹部層候補」の管理職の育成

一方で、**【2】で挙げた非幹部層の管理職は、ジョブ・ローテーションの範囲を狭め、専門領域の管理職としてのキャリアへとシフトさせることになります。**この層は、経営幹部候補としての育成を受けることはありません。これは現在で言うところの専門職・エキスパート職のようなキャリアになりますが、現状のエキスパート職のような「非・マネジメント職」という消極的なポジションとは異なり、「一定範囲のマネジメントができるスペシャリスト」として育成されるべきです。

当然、職務別・領域別の研修・訓練を充実させて、それらを提供していく層になります。今のように「管理職の階層別研修」を部門を横断して行うような一律的なトレーニングではありません。専門領域別の研修を揃えるのはコストがかかりますが、実務的であるがゆえに、社内講師や研修内製化は進めやすい領域です。

一般に企業は、早期選抜を行うことで、**選抜されなかった従業員の意欲が削がれることを気にします。しかし、それは近視眼的な発想です。**そもそも「管理職になる」ことを中心にして仕事の意欲を高めるような人材マネジメントが、賞味期限が切れかかった古めかしいものなのです。

役員や部長にはなれなくても、**30代からは特定領域のスペシャリストとしての意識を持ち、スキルの幅を狭めて蓄積するキャリアに移行**できれば、「ジョブ」に対するアイデンティティも芽生えますし、転職市場でも評価されるようなキャリアになります。その移行は、今のように40代になってからでは遅いのです。学びの習慣も、特定の専門領域へのコミットメントも生まれないまま20年間も過ごせば、転職市場には出られない中高年になっているからです。中高年層の転職市場の活性化は、やはり「特定領域への専門性」がカギを握ります。

こうした専門領域の管理職と、現状のエキスパート職の両立もあり得るでしょう。例えば、パーソル総合研究所の藤井薫は、すべての管理職ポストを2～3年の任期制にし、「スペシャリスト型マネジャー」と「スペシャリスト」の双方向を行き来するキャリアを提案しています。[9]逆に、経営幹部である「ジェネラリスト型マネジャー」の場合は、各管理職ポストを歴任するというかたちです。

4つのアプローチで多角的に考える

さて、管理職の「罰ゲーム化」を修正するための、大きく4つのアプローチを提案してきました。企業で、管理職の負荷や元気のなさが問題になったとき、筆者の経験では、まず「ワークシェアリング」と「ネットワーク」の二つのアプローチが検討されます。直接的な支援に見えるからでしょう。

一方で「フォロワーシップ・アプローチ」と「キャリア・アプローチ」の二つは、あまり発想されません。しかし、この二つはより構造的なアプローチであり（だからこそ気づかれにくいのですが）、前者の二つとともにぜひ議論の俎上に載せたいアプローチです。

1 Meindl, James R., Sanford B. Ehrlich, and Janet M. Dukerich. "The romance of leadership." Administrative science quarterly Vol. 30, No. 1 (1985) : 78-102.

2 津野香奈美・川上憲人・宮下和久〝上司のリーダーシップ形態と半年後の部下の心理的ストレス反応との関連〟産業ストレス研究　2015, 22 (2) : 163-171

3 Skogstad A., Einarsen S., Torsheim T., Aasland M. S., Hetland H. The destructiveness of laissez-faire leadership behavior. J Occup Health Psychol 2007; 12 (1) : 80-92.

4 白石久喜〝フラット化による管理人数の拡大が従業員の能力開発に及ぼす影響――管理人数の拡大に潜む長期リスクを探る〟Works Review　2010, 5.9: 114-125.
Gittell, J. H. (2001) . "Supervisory span, relational coordination, and flight departure performance: A reassessment of postbureaucracy theory" Organization Science, 12 (4) , 468-483

Gulick, L. (1937). "Notes on the theory of organization. In L. Gulick &L. Urwick (Eds.)," Papers on the science of administration (pp. 1-46). NY: Institute of Public Administration, Columbia University

Urwick, Lyndall F. 1956 "The manager's span of control." Harvard Business Review, 34: 39-47.

5 一般社団法人日本経済団体連合会「ミドルマネジャーをめぐる現状課題と求められる対応」

6 日経新聞オンライン、２０２３年５月３日「ジョブ型が迫る管理職改革」

https://www.nikkei.com/article/DGKKZO70670250R00C23A5TCR000/

7 ネットプロテクションズプレスリリース、２０１８年４月25日、『マネージャー職を撤廃！　ティール組織を実現する新しい人事評価制度「Natura」』

https://corp.netprotections.com/news/press/corporate/20180425/

8 James, Erika Hayes. "Race-related differences in promotions and support: Underlying effects of human and social capital." Organization Science 11.5 (2000): 493-508.

9 藤井薫、２０２３、『人事ガチャの秘密——配属・異動・昇進のからくり』（中公新書ラクレ）

第5章 【攻略編】「罰ゲーム」をどう生き残るか

「会社は何もしてくれない」ときに

4つの「修正」を現場から施す

前章では【修正編】として、この「罰ゲーム」の作り手である企業向けの提案を行ってきました。それらの議論を読んで、「うちの会社は、経営も人事も何もしてくれないよ」「会社にはむしろ迷惑をかけられているくらいだ」といった思いを抱いている現場の方も、残念ながらいらっしゃるでしょう。

そうした中でも、私たちは眼前の困難を乗り越える方法を考えなければいけません。「修正」が期待できないのであれば、いかにこの「罰ゲーム」をうまく乗りこなしていくかの「攻略法」を考える必要があります。本章で提案するのは「罰ゲーム」のプレイヤーの方々に向けた、「生存戦略」とも言えるものです。

前章【修正編】が「罰ゲーム化」の根治を目指すものだとすれば、本章は、あくまで対症療法の議論です。付け焼き刃的ではありますが、その分、現場での具体性と即効性は期待できます。その意味で、前章【修正編】と本章【攻略編】は問題解決の裏表です。

前章では、インフレ・スパイラルに陥りがちな管理職の「罰ゲーム化」を修正するための、4つのアプローチを紹介しました。いずれもゲームの作り手である「会社側」が実施すべきことして提案したものですが、これらのアプローチの発想そのものは、「攻略法」として、現場管理職が自ら実践できることも多く含まれています。

そこで、まずは前章で論じた「**フォロワーシップ・アプローチ**」、「**ワークシェアリング・アプローチ**」、「**ネットワーク・アプローチ**」、「**キャリア・アプローチ**」の4つについて、現場管理職が実践できるヒントを見ていきましょう。

①フォロワーシップ・アプローチとワークシェアリング・アプローチの現場実践

まずは、わかりやすい「ワークシェアリング・アプローチ」から見てみましょう。

管理職にとって「ワークシェアリング・アプローチ」の発想で重要になるのは、「役割を部下に渡す」という権限移譲＝エンパワーメントの実践です。権限移譲は、自身の負荷を下げるだけでなく、後任者の育成にもつながります。詳しくは後述しますが、管理職は、自分自身の仕事に対する「ものさし」を柔らかくすることで、「とにかく自分で頑張る」以外の様々な選択肢を増やすことができ、「動きすぎ」の蟻地獄を抜け出すことが可能になります。

前章ですでに、エンパワーメントの対象となりうる3つのグループとして、**(1) ベテラン社員、(2) 期待できる若手社員、(3) エキスパート職社員**を挙げました。

ベテラン社員とのコミュニケーションに苦労している管理職は多いですが、苦手意識を持たず、役割を積極的に渡すことで「味方につける」ことができます。ベテラン社員に渡しやすい役割はいくつかありますが、部下とのキャリアについての相談や対話の役割は、インフォーマルに任せやすい役割です。エキスパート職社員や若手社員には、社内外の情報収集やIT技術のトレンドのリサーチ、技術的な指導などが渡しやすい役割でしょう。管理職よりも情報に詳しく、指導役として優れている場合も多いです。こうしたインフォーマルな役割の譲渡を通じて、オフィシャルな役職からは少しずれたベテラン社員の目がもう一度輝きだしたり、エキスパート職社員が指導役を経験することで「人」のマネジメントに興味を持ち始めることもよくあるケースです。

部下のキャリア相談では、「管理職が答えを差し出す」ことは本来、重要ではありません。「この人の話を聞いてみたらどうか？」とベテラン社員をはじめ、自社の知り合い、ときには社外の専門家やキャリア・カウンセラーに部下を「接続」し、「紹介」していくことで、管理職の負荷を上げること無く、部下の成長や気づきを促せるはずです。

このワークシェアリングの実践は、**「一人のリーダーへの役割の偏りを防ぐ」という点で、「フォロワーシップ・アプローチ」につながっていきます。**管理職自身が内面化してしまっている、「すべて自分がやらなくてはならない」「組織はリーダーがしっかりしていなければならない」といった思い込みやイメージに固執してしまうと、部下へのエンパワーメントを十分に行うことができなくなってしまいます。

　見込みがある部下に早いうちから役割を任せていくことによって、**エンパワーメントは「後継者育成」として機能していきます。**もちろん「放り投げ」ではいけませんので、権限移譲にはそれなりのスキルが必要になります。具体的なタスクの内容、目標、期限を明確に伝えることや、部下の能力と適性を考慮することは、権限移譲の基本中の基本です。その際には、部下の経験や特性を理解しておくことも重要です。

　多くの管理職はコミュニケーションがうまくいかない部下について「そもそもその部下のことをあまり知らない」ということが往々にしてあります。権限移譲を行うにしても、部下の経歴を含めた情報をどこまで知っているかは重要です。例えば、次に挙げる項目について、部下の情報を知っているでしょうか。自分の中で確認してみてください。意外と知らないことは多いはずです。

・出身企業
・以前の上司
・部署異動の経緯
・経験してきたプロジェクト

・仕事で大事にしていること
・得意な業務や苦手な業務
・将来の目標や夢
・趣味
・家族構成

相性が悪い、指示がうまく出せない、伝わらない、という場合、上司がその部下に「関心を持とうとしていない」ということもあります。

「任せる」ということには、一定のスキルと慣れが必要です。いきなり多くの役割を移譲しすぎれば、周囲から「職務放棄か」ととられかねません。**双方が慣れるためにも、最初は小さなタスクから権限移譲を始めるのが適切でしょう。**ホワイトカラーであれば、情報収集や企画資料の叩き台の作成、協働相手とのコミュニケーションや交渉、文章作成や編集など、小さなタスクから権限移譲していくのです。店舗運営であれば、発注作業やシフト作成、事務作業などから権限移譲していきます。

徐々に大きなタスクへとスケールアップすることで、管理職自身も権限移譲のスキルと経験を積むことができます。伝わりやすい言葉の使い方もわかってきますし、「何をどこまで任せられるか」のラインも見えてきます。「任せてみる」というファーストステップは、小さく、細かく積み重ねていくのが良いでしょう。その積み重ねはそのまま、部下の成長につながっていきます。

②ネットワーク・アプローチの現場実践

「ネットワーク・アプローチ」とは、**管理職同士の「ネットワーク構築」のための施策でした。**相談し合える相手が社内にいることは、管理職が負荷に耐えるための緩衝材の役割を果たします。このアプローチを管理職本人の行動に落とし込むと、**自ら「仲間を作る」**ということになります。上司になったときに、孤独感に苛まれる管理職は多くいます。権限を持つということは、フラットな人間関係を築く上では障害になってしまう場合もあります。今までのコミュニティに入りづらくなったという声も聞きます。

「部下に自分の考えが伝わらず誤解をされたり、今まで入っていた会話の輪の中に入れなくなった。自分が近づくと会話を止められてしまい、『自分のことを話していたのか』と不安になる」

（44歳、女性、金融・保険業）

そうしたとき**「管理職同士の横のつながり」**は極めて重要です。しかし、管理職同士の定例会議で「他部門に後れを取りたくない」「落ちこぼれだと思われたくない」という雰囲気が広がっている企業もありますし、昇進レースの競争相手として、社内での縄張り争いのような意識を持ち合っていることもあります。

ですが「罰ゲーム」のような状況が共通のものであるならば、それが「仲間」としての共通点にもなりえます。苦労を分かち合い、積極的に腹を割ったコミュニケーションを行うことで、解決へのヒントが出てくるかもしれません。

そうした人との新しいつながりを「社外」に求めることもできます。ビジネス・マッチングのSNSや、越境的な体験ができるプラットフォーム、副業サイトなど、様々なサービスによって、他社のビジネス・パーソンとつながりを得ることは容易になってきました。これらを活用しない手はありません。

越境的な体験は、自社とは違った環境で同じように悩んでいる人を発見し、苦労を分かち合うこともできれば、自分では「当たり前」だと思っていたことに思いがけない別の視点をもたらしてもくれます。

こうした他者とつながる経験は、年をとればとるほど貴重なものです。筆者も複数のNPOで男性育休の推進や介護離職の防止などについての補助的なサポート経験を積ませてもらったことがあります。その領域について大変勉強になったと同時に、そこで知り合った仲間とは、数年後の今でも定期的に集まり、肩書きや仕事にとらわれない楽しい時間やいつもの仕事では得られない視点をもらっています。

③キャリア・アプローチの現場実践

最後に、**「キャリア・アプローチ」**です。第3章では、管理職が転職市場で評価されなくなる原因を議論してきました。現場の最前線の情報から取り残され、組織運営の雑務や部下のフォローに忙殺されてしまうことによって、年齢を重ねるほどに転職しにくくなってしまうことは、それぞれのキャリアにとって深刻な問題です。

これに対しても、個人としてできることはあります。管理職が組織マネジメントにおいて実施している役割そのものは、転職市場において評価されないわけではないからです。転職なんてできないと決めつけている管理職でも、具体的な経歴や経験をつぶさに聞いてみれば、十分に立派なものを持っている人も多く存在します。

ただし、「強み」や「スキル」があるだけでは、転職市場での「強み」にはなりません。**転職市場においては、自らのスキルや能力を認識し「言語化し、伝えていく」ことまでできて、ようやく「強み」になります。**中原淳教授と筆者の共著である『転職学』（2021年、KA

DOKAWA）ではその力を「セルフアウェアネス行動（自己認識行動）」として議論しています。

多くの管理職は、自らの「スキル」や「経験」を十分に言語化、意識化できていないがために、転職時の「強み」に変えることができていません。転職面談で「部長ならできます」などと言ってしまうのも、やってきたことを言語化する解像度が低すぎるからです。

セルフアウェアネス（自己認識）の解像度は、自身の経験の棚卸しを具体化していくことで上げていけます。例えば、次のような点を意識して、自身の経験の棚卸しをしてみましょう。

・部下とのコミュニケーションのために、具体的に何を行っているのか
・育成のためのオンボーディング施策として何を工夫してきたか
・ビジネスの戦略策定のために、どのように情報収集しどう社内を説得してきたか
・新しいアイデアや企画をどう提案してきたか
・現場の業務改善をどう推進してきたか

このように「なんとなくやってきたが、言語化できていないこと」を意識して、自分自身の言葉にしていくことが、転職市場での価値につながります。

すでに第1章では、ミンツバーグによる管理職の役割整理も紹介しましたし、第4章では、

組織サーベイのための管理職の役割一覧も用意しました。それらに照らし合わせ「自分は管理職として何をやってきたのか」を書き出してみてください。そのリストはきっとキャリアの自信にもつながりますし、転職面談においても必ず役に立つはずです。

「アクションの過剰」を抑えるという大原則

目指すべきは、積極的に「やらない」上司

さて、4つのアプローチに即して現場管理職が「罰ゲーム」とも言える働き方を攻略するためのヒントを探ってきましたが、「罰ゲーム」攻略にあたって「大原則」とも言える重要なポイントがあります。

それは、管理職自身の「**アクションの過剰**」を防ぐことです。管理職の悩みやデータから共通して見えてきた事実として「罰ゲーム」に苦しんでいる管理職は、忙しいにもかかわらず、自ら能動的に動く「アクション」が多すぎます。「会議に出すぎ」「指示を出しすぎ」「プレイングしすぎ」そして「働きすぎ」といった状態の管理職が、この国にはあふれています。この「動きすぎ」状態を抑えることが、管理職の「罰ゲーム化」を攻略する大原則です。

世間一般のマネジャー本や管理職トレーニングのテキストを開いてみれば、「やったほうが

いいこと」は知識としてはすぐにわかります。しかし、それらを鵜呑みにし、拡張機能的に自らアクションをアドオンしても、この「罰ゲーム」は終わりません。

渦中の管理職が「なんでもできる完璧な上司」を目指す必要はありません。**むしろ目指すべきは、積極的に「やらない」上司です。**「動きすぎ」の管理職は、動けば動くほど蟻地獄的に下に落ちていってしまいます。

さて、こういう話をすると、マネジメントの業務の中から「**不必要なものを引き算していく」話だと思う人がいます。**人事や経営からよく耳にするのも「非本質的な業務を避け、本来のマネジメントの役割をしてほしい」といった言葉です。

しかしこの発想では、管理職の「動きすぎ」問題の本質は捉えられません。

現場の管理職の目線からは、**目の前の仕事が「必要」に見えているからこそ、行動している**のです。「本来の役割」や「不必要な業務」が客観的にわかるようなフリができるのは、状況を俯瞰する立場の人であり「当事者ではない人」だけです。現場で毎日降ってくる厄介事は、「不必要／必要」というラベルが貼られて落ちてくるものではありません。このことの意味を十分理解するために、少しビジネスの領域を離れて、家庭での家事の分担、ということを考えてみましょう。

「家事分担」から考える「タスク化」というメタ作業

家庭内でうまく家事を分担する、ということを考えたとき、多くの人は「100」という全体の作業のうち、「50：50」や「70：30」といった分担のことを考えます。もしくは4時間の家事時間を夫1時間：妻3時間といった具合に振り分けることを、家事分担だと思いがちです。この算数のような「シェア」の考え方は一見正しく見えますが、大きな見落としが存在します。**家庭内の家事分担の本質は「全体のタスク量のシェア」ではなく、「期待水準のすり合わせ」にあるからです。**

このことは、歴史を知れば理解できます。産業革命以降、家電の機能は比較にならないほど発達し、時短グッズも時短術も世界にあふれたのに、家事・育児は一向に楽になっていません。[1]なぜでしょうか。答えは簡単です。家電やテクノロジーが発達すると同時に、**家事の「期待水準」もまた、歴史的に上がり続けているからです。**

戦後、欧米的な暮らしへの憧れから洋食化が進み、家電メーカー各社は新商品開発と同時に、消費者マーケティングを推し進め、食の豊かさも、衛生観念も、教育への考え方も、暮らしの質の水準全体を天井知らずに上げていきました。同時に、家事は市場にアウトソースされず、「家庭内」で行われるものへと閉じていきました。

かつて、便器の裏のバイキンなど気にしていませんでしたし、洗濯で良い香りの柔軟剤を使いませんでしたし、お弁当のおかずでキャラクターを作るなんてこともしていませんでした。中流家庭以上にはお手伝いさんがいる家も多く、いない場合でも近所の親たちで育児を協力し合い、都市では必要な日用品の多くを、行商人が住宅の前まで運んでくれました。子供への教育の考え方ももっと緩いものでした。

しかし、当事者の親たちは、こうした期待水準の高まりをなかなか客観視できません。それぞれが「わが子には普通はこのくらいの教育をするものだ」「ここまで掃除しないと気持ちが悪い」といったように、「それぞれの水準」が明確に存在しているように振る舞います。

こうしたことを踏まえて「分担」のことを考えると、**シェアすべき単位となる作業の前に、「どこまで必要な作業なのかが決まっていないこと」こそが、クリティカルな問題であること**に気づきます。「夫に下手に洗濯物を畳まれるくらいなら、黙って座っていてほしい」「一人でやったほうが楽」といった言葉がなぜ妻からしばしば発されるかというと、家事について「何を・どこまでの水準でするべきか」という「期待水準のすり合わせ」というプロセスをスキップしたいからです。作業が作業である前には、「調べる」「検討する」「決定する」といった〝メタ作業〟が必要です。「タスクをタスク化する」というそのメタ作業の水準こそが、「分担」を考えるときの肝なのです。

仕事を「作業」にするメタ作業

さて、これは「仕事」においても同じです。

仕事もまた、「作業」としてテトリスのように降ってくるわけではありません。「必要なこと」や「優先順位」や「求めるクオリティ」などは、仕事そのものに張り付いている特性ではなく、職場にいるあらゆる人の「期待水準」による判断でしか決まりません。現場の当事者の多くは、「普通はそれくらいやるものだ」という期待水準を自明のものとして、この「タスクをタスクにする」メタ作業を無自覚に行っています。

そして、管理職にとって**「部下に仕事を任せられない」「自分でやったほうが早い」と感じるのは、部下と上司の間で、この期待水準がズレているから**です。顧客先への訪問で5分前に集合していることが当たり前の人もいれば、ギリギリに来てもまるで平気な人もいます。プレゼンテーションソフトでの資料作りで文頭がそろっているかどうか、会議の前にアイスブレイクから入るかどうか、ありとあらゆる「必要なこと」は、自明ではありません。「一人でやったほうが楽」「すり合わせるのが大変」という感覚は、管理職が部下の仕事を自ら巻き取ってしまう構造そのものです。

「それまで技術者として知識や知見者との交流を深めて結果を出していたが、マネジメント業務が主に変わり、『自分で手を動かす』から『人を動かして成果を出す』に変わった。思い通りに進まないことにジレンマを感じることが増え、仕事の楽しさがなくなっていった」

（50歳、男性、製造業）

「部下に努力させることの難しさが、これほど大変だとは思わなかった」（58歳、男性、サービス業）

「後輩の仕事について、『自分がやったほうが早いのに』と手を出したくなるのをこらえ、任せることや指導することが、思った以上に難しかった」（48歳、男性、卸・小売業）

ここで、第3章での議論を思い出しましょう。日本の働き方の特徴は「チーム」で働く、相互依存関係の強さにありました。だからこそ、フレキシブルで柔軟な仕事の仕方をしています。ビジネスが複雑化し、定型的な作業が減って知的労働が増えてくるに従って、**「どこまでやるか」という点について分散＝バラつきがチームの中で大きくなるのです。**

だからこそ「不必要なことをやらない」ということを指摘しても、当事者にとってあまり意味はありません。この「必要なタスク」になる前のメタ作業における「期待水準」が当たり前ではないこと、その自明性を疑う必要があるのです。

図表47　タテのものさしとヨコのものさし

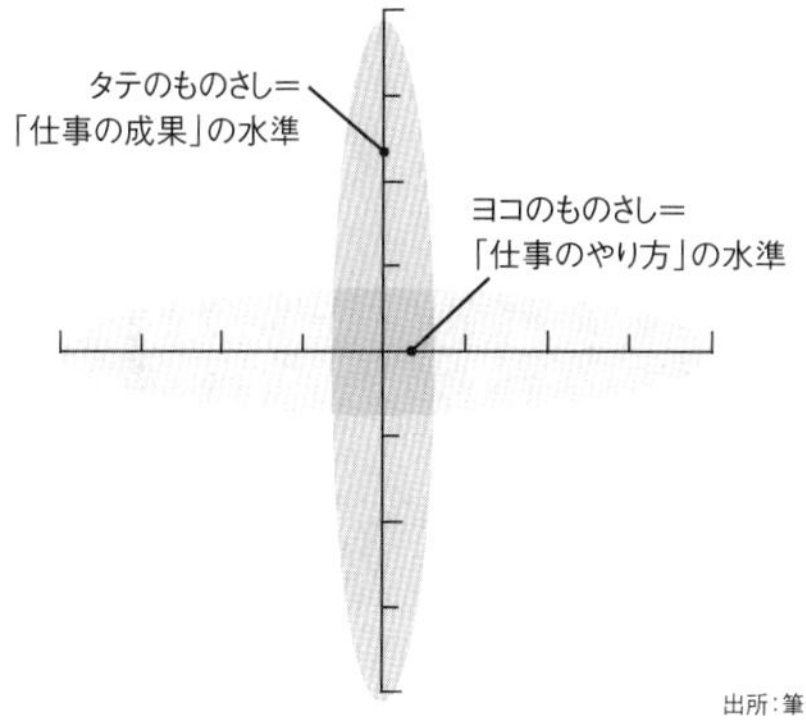

出所：筆者が独自に作成

仕事の「ものさし」を柔らかくする

仕事を進める「タテのものさし」と「ヨコのものさし」

さて、仕事の「期待水準」をさらに分解していきましょう。仕事の期待水準には「タテのものさし」と「ヨコのものさし」があります（図表47）。

「罰ゲーム」からの脱出に必要なことはまず、管理職自身のこの二つのものさしを、ともに柔らかくフレキシブルにすることです。

「タテのものさし」とは、特定の仕事において求める成果・クオリティの高低の水準です。管理職の「アクションの過剰」は、この「タテのものさし」**が、自分の中で硬直化してしまうことから始まります。**

これくらいの成果を出してほしい、このくらいのクオリティで顧客に向き合ってほしい、このくらいのタイミングで納品してほしい……。どんな仕事の領域においても存在する「どこまでのクオリティを求めるか」というラインが「タテのものさし」です。多くの場合、指示を出して管理する上司の側が、その職場の「基準」を作り、受けついでいきます。

「タテのものさし」がガチガチに凝り固まっている管理職は、その基準に照らしてクオリティの低い部下の仕事を許すことができなくなります（図表48）。「徹夜することになっても、お客様に納品するクオリティは落とせない」という点は絶対に譲ろうとしなくなります。当然ながらそうした管理職は部下に仕事を任せることができなくなりますし、エスカレートすれば「なんでこんなこともできないんだ！」と感情的に詰めることにもつながります。

こうした管理職は、自分自身もまた新人であり若手であり素人であったことをきれいさっぱり忘れているように振る舞い、「今どきの若手は何も自分で考えてくれない」といった安易な世代論に飛びつくようになります。

ここで、皆さんの「タテのものさし」を簡単にセルフチェックしてみてください。

「タテのものさし」の「硬さ」　セルフチェック

次の1～5の問いに対する答えを以下の回答群からそれぞれ選び、合計点を出しましょう。

【回答群】そう思う（5点）／ややそう思う（4点）／どちらとも言えない（3点）／あまりそう思わない（2点）／そう思わない（1点）

問1　顧客の要望には可能な限り迅速に対応したい。
問2　プロセスはともかく、成果だけはきちんと出したい。
問3　たとえ業務が重なっても、仕事のクオリティを下げることはできない。
問4　当期の目標達成のために、売り上げや業績をコントロールすることがある。
問5　関係者や顧客と約束した納期は、絶対に厳守するべきだ。

合計が20点以上、つまり5つの質問の答えに「そう思う（5点）」や「ややそう思う（4点）」が並ぶ人は、かなり多いのではないでしょうか。何を隠そう筆者自身も「4点」の回答が多くなってしまいます。しかし、20点を超えるような点数の人は要注意です。

現代の管理職がまず肝に銘じるべきは、このガチガチに固まった「タテのものさし」を柔らかくし、許容範囲を広げることです。自分がプレイヤーとしてできる仕事が100だとすれば、70や60といった水準で部下の仕事を眺め、水準に達していなくても許すことができるようになることです。

それこそが「部下の成長」のための余白になります。この「余白」が無いと、部下の思考と行動のための自由度が生まれません。部下が自分で考え、時に失敗し、試行錯誤をしてゴールまで何とかたどり着く。こうした経験でこそ人は成長します。マイクロ・マネジメントでは「考えない部下」が育ってしまうというお話をしましたが、細かい行動管理のようなマネジメントは、この成長のための余白を発生させないからです。

誤解しないでいただきたいのですが、「常に60点でいい」というわけではありません。それはそれで、「タテのものさし」が下方に固まっているだけの「緩すぎる管理職」です。この仕事は自分も積極的にフォローして90点を出すが、別のプロジェクトはいったん65点を目指し、未経験の部下に思う存分考えてもらい、トライさせる。また別の仕事はアドバイス程度にとどめ、80点のクオリティを目指させるといった「幅」を持たせられるようになることこそが「タテのものさし」の「柔軟性」です。これができないと、ものさしはどんどん硬くなり、人に任せられない完璧主義の管理職になってしまいます。

「ヨコのものさし」を柔らかくする

次に柔らかくするべきは、「ヨコのものさし」です。これは、仕事のやり方・進め方の多様性についての許容度を高めることです。当然のことながら多くの管理職は、これまでの仕事の

図表48　タテとヨコのものさしの硬直化

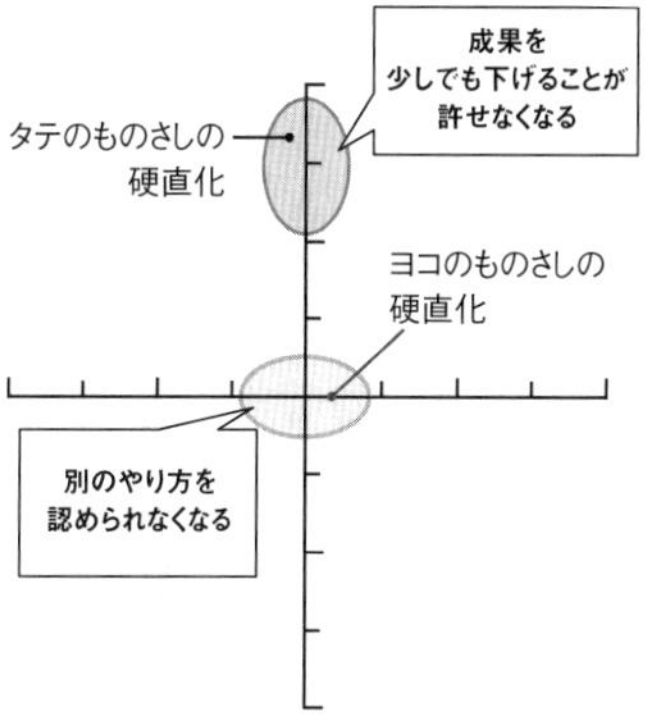
成果を
少しでも下げることが
許せなくなる
タテのものさしの
硬直化
ヨコのものさしの
硬直化
別のやり方を
認められなくなる

出所：筆者が独自に作成

プロセスや方法に則って成果を出してきた人です。ですがビジネスの変化が激しいほど、過去のやり方にこだわることが、「別のやり方」への移行を遅らせます（図表48）。

こうした**「ヨコのものさし」が変えられなくなることはつまり、新しい仕事のやり方や技術、手法などを取り入れたり、受け付けることができなくなるということ**です。ヨコのものさしの硬直化は、若手や新人の新しい発想を拒否し、新しいやり方を取り入れられず、管理職自身の変化適応力を下げ、結果的に市場価値を下げることにもつながってしまいます。

山登りにたとえてみましょう。管理職はすでに仕事の経験を積み、ある程度の「山の登り方」を知っている立場です。先輩たちや自分自身の足で踏み固めてきた道は、すでに歩きやすくもなっていますし、自分の目には「最短」のルートに見えるでしょう。

しかし実際には、多くの山には複数のルートがあるものです。草だらけの裏道のようなルートもあれば、より歩きやすい道もあります。

そうした複数のルートを知ることがなぜ重要なのかというと、**最短ルートしか知らない場合、「土砂崩れ」のような事態が起きた際に、対応できなくなってしまうからです。**

近年の「土砂崩れ」的な非常事態といえば、やはりコロナ禍でしょう。コロナ禍によって対面で会うことが難しくなると、対面のリアルなコミュニケーションに依存していたビジネスほど、大きな影響を受けました。

これからも予想できない変化はあるでしょう。新しい感染症が爆発的に流行する可能性は十分にあるでしょうし、所属していた組織の事業が突然売却されたり、行っていた業務が一気にデジタルに置き換わったり、社長が替わり経営方針そのものが大きく変化したり……。そうした予測不能な変化に対応するために、「いくつかの登り方」の確保は必ず必要になるのです。

ライフネット生命保険株式会社の創業者である出口治明氏は、ある日、20代の部下からインターネットのプロモーション企画として新しい案を持ち込まれたことがあったそうです。内容は次のようなものでした。紙皿に1000万円、2000万円、3000万円と死亡時の受取金額を書き、その3種類の紙皿に豆を入れて河川敷に置いておきます。そこにたまたま飛んできたハトが、どの紙皿から豆を取るかで保険を決める……、というものです。
出口氏は最初、「アホか！」と怒鳴って拒否したそうです。無理もありません。今見ても随分と斬新な演出です。しかし出口氏は案を出した部下の話を詳しく聞き、その熱意を買って翻意しました。その結果、企画は大成功。ホームページアクセス数は増え、多くの申し込みを獲得できたそうです。[2]
まさに「ヨコのものさし」を柔軟にし、「別の山の登り方」を認めたからこそ、新しいアイデアと成果が生まれた事例です。「ヨコのものさし」が硬直化し、部下の登り方を最後まで拒否していたら、この成功は生まれませんでした。そしてその部下は、次のアイデアを発案してくることも無かったでしょう。

山がいくつもあることが見えなくなる

ヨコのものさしの硬直化には、もう一つの弊害があります。それは**成果やゴールのような「山」そのものが、他にも存在することを忘れてしまう**ことです。

例えば、管理職が一つの山しか見えなくなってしまう典型が「売り上げ」です。売り上げというのはもちろん業績に直結する重要な指標です。しかし、（筆者も営業をやっていた経験がありますが）売り上げは結果的には運や顧客状況といった自分でコントロールできないものに大きく

図表49 仕事における「山」はいくつもある

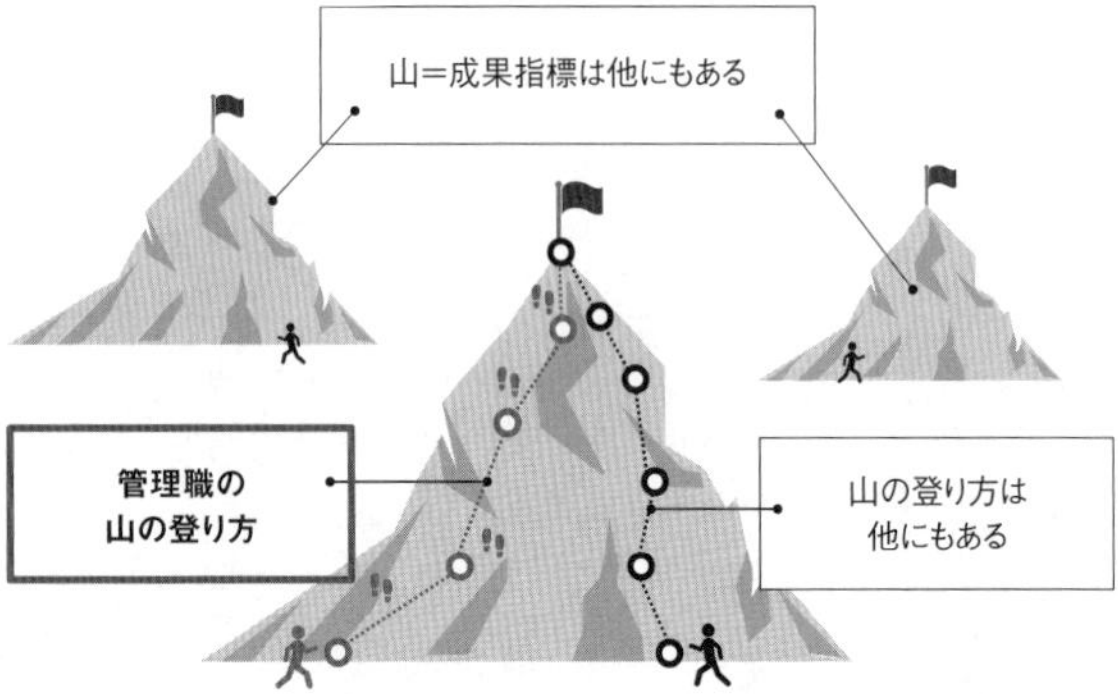

出所：筆者が独自に作成

左右され、それだけを指標にしていては、組織の安定運営は難しくなります。

それでも、そのわかりやすさから、売り上げ目標を絶対のものとしてしまう管理職が後を絶ちません。営業組織であっても粗利率や利益率をないがしろにすると、「売り上げが上がっても、いつまでも利益が出ない」組織になります。他にも、付帯サービスや社内の別サービスの提案、新規提案の回数や質、顧客満足度、NPS（Net Promoter Score／顧客ロイヤルティを測る指数）、部下育成の度合いやウェルビーイングやエンゲージメントといった組織的な指標も立派な管理職の「成果指標」の一つです（図表49）。

これらの指標がすべて二の次になり、売り上げ至上主義になってしまえば、組織には「売り上げの作り方しかわからない」人材が集うことになってしまいます。組織には、売り上げはたいしたことがないけれど、同僚から信頼される指導が上手い人や、他人が思いつかないような新しいアイデアを提案することに長けた人もいます。そうした人の特性を「でもあいつは売り上げが低いからな」といって一色に塗りつぶしてしまう、人材の多様性を活かせないような組織では、これからの時代で生き残っていくことは難しいでしょう。

ここまでの議論を踏まえた上で、今度は**皆さんの「ヨコのものさし」をチェックしてみてください。**「本当は部下のやり方を認めてやりたいが、なかなか認められない」という思いはかなりの管理職に共通する問題です。

「ヨコのものさし」の「硬さ」 セルフチェック

次の1~5の問いに対する答えを以下の回答群からそれぞれ選び、合計点を出しましょう。

【回答群】そう思う（5点）／ややそう思う（4点）／どちらとも言えない（3点）／あまりそう思わない（2点）／そう思わない（1点）

問1　物事は最速でやり遂げることが大切だ。

問2　仕事には、最善のやり方が存在している。

問3　会社からはそこそこ良い人事評価をもらっている。
問4　自分は仕事のコツがわかっているほうだ。
問5　若手や新人のやり方が稚拙なものに見える。

ここでも合計が20点以上、つまり5つの質問の答えに「そう思う（5点）」や「ややそう思う（4点）」が並ぶ人は要注意です。

いつまで経っても忙しい、忙しいと言い続ける「アクションの過剰」の蟻地獄に飲み込まれている管理職の背景には、このような「ものさしの硬直化」があります。**ものさしが硬直化した管理職がピラミッド上に積み重なれば、組織全体がガチガチに固まった会社が出来上がります。**この「罰ゲーム」を攻略するとき、自分自身にも内面化してしまっているものさしの在り方を振り返り、少しでもその可動域を増やしていくことが必要になります。

「仕事のものさし」はなぜ硬くなるのか

ものさしが柔らかい上司はわずか15%

「ものさしを柔らかくする」ことのメリットを、データでも確認してみましょう。すでに第2

章で、管理職が「ああやれ、こうやれ」と部下にマイクロ・マネジメントを行うと、配慮的な行動＝ビクビク系の行動をする部下や、批判的な「言うこと聞かない系の部下」を生む傾向にあるということを見ました。

では逆に、どういった上司の行動が、上司の負荷を下げる部下を育てるのでしょうか。

まず、部下の積極的な行動を引き出していたのは、「信じて、任せる」上司の行動でした。これはまさに「タテのものさし」を柔軟にし、部下を信頼して認めているタイプの上司と言えるでしょう。承認し、仕事を任せることで、部下は上司のために積極的に頑張ろうとするようです。まさに成長のために部下に与える「余白」です。

また「柔軟・臨機応変なマネジメント行動」は、部下の配慮的な行動を抑制していました。部下からしてみれば、一つのやり方しか認めないのではなくフレキシブルに対応してくれる上司なら、いちいち細かいところまで同意を求めたり報告しなくてもいいということでしょう。上司の「ヨコのものさし」が柔らかければ、部下は「ビクビク」しなくなるということです。

柔軟な「タテのものさし」と「ヨコのものさし」は、管理職の負担感を軽減させると推測される部下の行動を引き出しているという結果が得られました。

管理職のタイプをクラスター分析という手法で類型化もしてみました。すると、両方のものさしが柔らかい「信頼・柔軟型」と両方とも硬直化している「マイクロ・マネジメント型」の二つのタイプでは、**「信頼・柔軟型」の上司を持つ部下のほうが離職率が低く、パフォーマンスが高い**ことが確認されました[3]。

しかし、管理職の中でマネジメント・スタイルが「信頼・柔軟型」だったのはわずか14・9%に過ぎず、「マイクロ・マネジメント型」のほうが41・2%とはるかに多いということもわかりました。この理由をもう少し考えてみましょう。

「捨てる」ことも学びである

さて、仕事の「ものさし」を柔軟にし、古い考え方ややり方を捨て、新しい考え方を取り入れていくことを、専門用語では「アンラーニング」と言います[4]。スキルや知識といったものは一般に「蓄積」するものだと思われていますが、**アンラーニングという考え方は、「捨てる」ことも学び**であるということを示すものです。

このアンラーニングについて筆者が実施した定量調査では、**「管理職になってからの年数」**とアンラーニングとの間に面白い傾向が見られました（図表50）。管理職になって半年程度で、アンラーニングする人が最も多くなっていました。おそらくプレイヤーからの移行によって、「今までの仕事の仕方ではダメだ」と新しい仕事の進め方に切り替える人が多くなるからでしょう。

図表50 アンラーニングの重要性

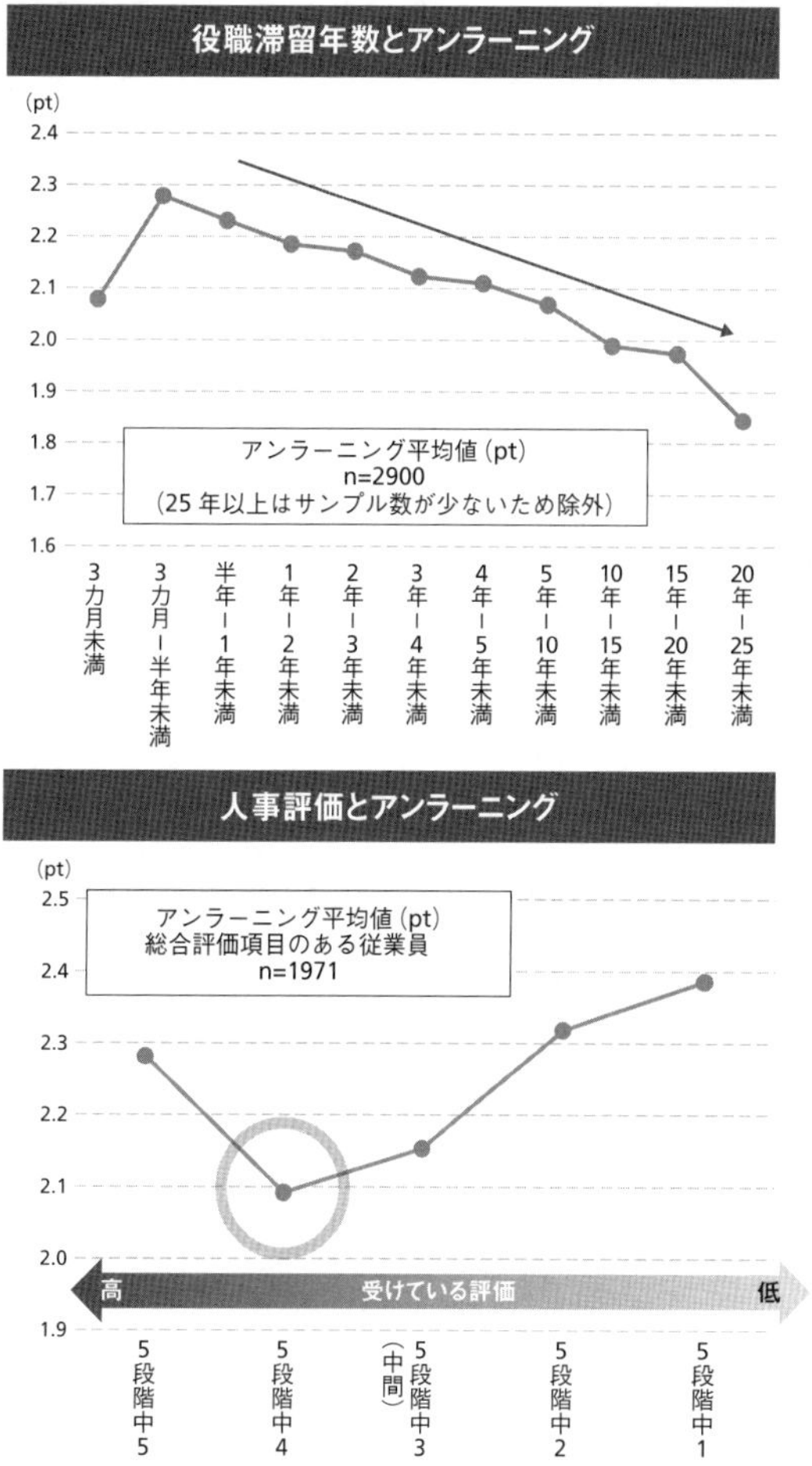

出所：パーソル総合研究所「リスキリングとアンラーニングについての定量調査」

しかしその後、**管理職は徐々にアンラーニングしなくなり、ポストについてから5〜10年ほどになると、初期の頃よりもアンラーニングしない傾向が見られました。**長くポストにいることで、ものさしが「凝り固まる」ということが示唆されるデータです。

また「人事評価」とアンラーニングの関係も興味深いものでした。**最もアンラーニングから遠ざかっていたのは、5段階の人事評価で「4」というそこそこ良い評価を受けている人たち**でした。最も良い評価を得るような人材は古いやり方に固執せず、反対に低い評価をつけられている人はまずいと感じてアンラーニングを進めるのかもしれません。

そこそこいい評価をもらっていて、安定的にポストについている人が、アンラーニングできなくなり、新しいものを取り入れられなくなっていく……。なかなか痛いところを衝くデータではないでしょうか。これこそがものさしの硬直化です。

また、ものさしを硬直化させてしまうのが、近年の管理職のほとんどが陥っているプレイング・マネジャー化です。管理職は、プレイヤーとしてそもそも優秀な層が登用されていきます。この優秀なプレイヤーが現場に出続け、顧客や案件のことを細部まで理解し続けているうちに、部下の仕事に口を出したくなり、仕事を巻き取るようになります。現場の最前線に出続けることによって、管理職は「優秀な自己の基準」を下げにくくなります。

筆者の経験に見る「研究」のものさし

ここで、データだけではなく、筆者自身の経験もお話ししておきましょう。

筆者が所属するパーソル総合研究所は、労働・組織を専門領域とするシンクタンクです。2015年に筆者が入社したとき、まだ出来て数年のベンチャー・シンクタンクでした。社員数も10人程度で、その中で研究活動を行っているのは3人ほど。研究部門の中心的な役割は、世の中に対してインパクトを与え変化を生み出す研究成果を出すことですが、入った当時、全国紙やテレビなどに研究が取り上げられることなどほぼありませんでした。

しかしその後、オリジナルな定量調査を様々に実施し、理解しやすい資料とデータの見せ方などの工夫を施していった結果、メディアからの問い合わせは急増し、多くの報道でパーソル総合研究所のデータを使ってもらえるようになりました。わずか4～5年ほどで、メディアへの露出数は100倍以上になりました。おそらくインパクトと知名度という点では、日本で最も急成長を遂げたシンクタンクでしょう。

この時、急成長の渦の中にいた筆者には、成果を出すための「研究活動のものさし」が出来上がりつつありました。ある意味で「成功の方程式」のようなものが見えはじめ、自分と同じことを繰り返しできる人を採用し、同じ手法を繰り返せば、もっと成長できるのではないか、と感じたのです。しかし、そんな目論見通りにはなかなかうまく行きません。メディア露出数などにも限界があります。そこで「同じような人材で同じことを繰り返すだけでは、限界はすぐにやって来る」と感じた筆者らは、それまでのものさしを「緩める」ことを意識しました。

具体的に言えば、よりいろんな人材を採用し、現場で研究手法に積極的に「口を出さない」ことにしたのです。筆者は急成長時に登った山を知っていますが、山の登り方も山そのものもいくつもある。アドバイスや監修を求められればフィードバックしましたが、「組織の研究全体をコントロール」することを意識的に「やらない」よう心がけました。

組織には、人事コンサルティングの経験者、企業倫理の研究者、感性工学の研究者など、「仕事領域の調査ができる人」だけではない、多様な専門領域のバックグラウンドを持ったメンバーが集まりました。研究員の数がそれほど増えたわけではありませんが、人材の多様性は一気に増しました。

結果として、これまでになかった新しいプロジェクトが様々に生まれるようになりました。メディア露出という一つの成果（山）は維持しつつも、行政会議での委員や現場人事のコンサルティング業務、方々の研修や講演、複数の書籍発刊など、ビジネスの現場に届くような成果がここ数年で続々と生まれてきています。これはまさに「他に登る山」＝成果指標がいくつも現れてきたという状態です。もちろんまだまだ課題だらけのシンクタンクですが、一度の成功を達成し始めたとき、自分の「ものさし」を固定してしまっていたら、絶対に今の状態は達成できていなかったでしょう。

「自分を許す」ことのできる管理職へ

本章の最後に、より積極的に成長したいと願う管理職が陥ってしまいがちなことについても、注意喚起しておきましょう。**管理職自身が避けなければいけないのは、第4章でも触れた「筋トレ発想」という罠です。**

一部の管理職は、管理職になりたての頃や壁にぶち当たったときに「自分にスキルが足りない」「自分の能力が無いことが悪い」と、自らのスキルや技量ばかりを考える傾向にあります。「管理職なんて自分には無理だ」と早々に諦めてしまう思考にも、同様のものが潜んでいます。

「タテのものさし」と「ヨコのものさし」が硬直化し、「筋トレ発想」で自分自身のスキルや意欲にフォーカスしてしまうと、**管理職は「自己責任」という蟻地獄の中心に向かって落ちていってしまいます。**「動きすぎ」の管理職は自分の手足しか見えず、動くほどに下に落ちていってしまいます。

売り上げが伸びないことで「自分はダメなんだ」と過剰に自己卑下したり、他の山の登り方、仕事の仕方が見えなくなってしまうと、さらに「力が足りないせいだ」と自分を責めてしまうようになります。

本章でお伝えした「ものさしを柔らかくする」の効能は、人に任せることができるようになるだけではありません。自己責任の蟻地獄に落ち込みがちな孤独な管理職の自責の念を緩め、**「自分自身を許す」ためでもあります。**

筆者が会ってきた多くの管理職は、真面目に真摯に組織や部下に向き合いながら、みな孤独に苦悩を抱えていました。彼らの苦悩は他の多くの管理職と共通のものであり、多くの共通の要因によって、日本中で起きていることです。この状況が「自分だけではない」と知るだけでも、肩の荷を軽くすることにつながります。そして「タテのものさし」と「ヨコのものさし」を柔らかくすることで、**「上司として、完璧でありたい自分自身」を捨て、「他でもありうる自分の姿」へと視線を移すこと**につながっていきます。

自分の失敗を認めることができず、なんとかしてでも成功を装いたくなる上司。負けたことがある経験を自己開示できない上司。どうしても今の地位を手放せない上司。そうした管理職の姿は、周りの人から見ても窮屈で、だんだんと一人、自分の殻に閉じこもっていくことになります。こうした「高くなりすぎた理想」から視線を下げて、一歩、階段を下りる勇気を持つこと。これが現場管理職の【攻略編】として、本書が最後にお伝えするポイントです。

1　例えば、品田知美は、社会生活基本調査から、20世紀の最後の四半世紀で、女性の家事時間がほとんど変わっていないことを示しています。R・S・コーワンは、家事のもっと長い歴史を紐解き、家電が女性の家事を減らしてこなかったことを指摘しています。

2　R・S・コーワン、2010、『お母さんは忙しくなるばかり――家事労働とテクノロジーの社会史』、法政大学出版局。

3　出口治明、2016『図解　部下を持ったら必ず読む「任せ方」の教科書』KADOKAWA

4　パーソル総合研究所「中間管理職の就業負担に関する定量調査」

Hedberg, B. How organizations learn and unlearn. In P.C. Nystrom & W.H. Starbuck (Eds), Handbook of organizational design, Vol. 1. Oxford: Oxford University Press, 1981, pp. 3–27.

松尾睦、2021『仕事のアンラーニング――働き方を学びほぐす』同文舘出版

終章

結局、管理職になるのは、「得」なのか「損」なのか

「今ここ」の、さらに〝その先〟にあるもの

本書は、管理職という会社にとって大切なポジションが、「罰ゲーム」のようになってしまう構造や原因を理解し、修正や攻略のための具体的な糸口を提案してきました。

それでもなお、読者の方には、今の会社で管理職になるべきか迷っている方もいるはずです。「そんなに大変なんだったら、管理職なんて誰がなるものか」。本書を読みながらそう感じた人もいるはずです。

一方で、管理職になって処遇も地位も上がることには単純な魅力もあることでしょう。キャリア・アップにつながるのなら挑戦してみたい、という人ももちろんいます。

結局、管理職になることは「得」なのでしょうか。「損」なのでしょうか。本書のあとがきに代えて最後に扱いたいのは、この問題です。

現役の管理職に直接尋ねてみることにしましょう。

筆者の手元のデータによると、「管理職は魅力的な仕事だ」という問いにイエスと答えたのは、30・6%。「管理職を続けたいか」という問いにも、30・9%の人が肯定的に答えています。このおおよそ3割という割合は「多くも少なくもない数字」だと思います。管理職になるということは、たしかに「罰ゲーム」のように大変さを伴うけれども、やはり管理職を目指すことにやりがいを感じたり、なったあとの経験を成長の糧としている人も当然いる。これは、

「白か、黒か」という単純な答えが出せる問いではないことを、数字が物語っているようにも見えます。
では管理職になるという選択をした人たちは、その後、どんなことを感じているのでしょうか。無機質なデータではなく、実際の声を紹介しましょう。

「人とのつながりがあって、目的の仕事が達成できていることに気付けたことが成長につながった」（47歳、男性、サービス業）

「少々の失敗も成功に対しても冷静な判断ができ、（仕事を）俯瞰的に見ることができるようになった」（56歳、男性、製造業）

「部下の考える時間を尊重して、口出ししそうになるのを我慢する姿勢に自分の成長を感じた」（56歳、男性、サービス業）

「視野が広くなり、全体最適の観点で考えるようになった」（52歳、男性、製造業）

「上司との接し方と部下への接し方で、自分自身をさらけ出すことができるようになって少し楽になり、部下社員も快く助けてくれたり。そういう人間関係が少し上手になってきたのではと思います」（男性、金融・保険業）

「他の人に対する寛容さが出てきたことで、人にお願いして動いてもらえる」（56歳、男性、製造業）

「色々なことを冷静に考えるようになったり、色々な考え方があることを許容できるようになった」(47歳、男性、卸・小売業)
「今まで対人関係には特に積極的になれなかったが、話し合いをする時間が長くなったと感じる。次第に理解してくれる人が増えてきた」(55歳、男性、研究・専門職)
「部下と一緒に新たな難問を乗り越えたときの高揚感のようなものが得られる」
(57歳、男性、情報通信業)
「自分が伸びたと感じることは無いが、部下を成長させられた」(39歳、男性、金融・保険業)

筆者は、本書がここまで論じてきたような対人関係に苦しむ管理職のデータとともに、こうして集まった声を眺めながら、人間がどこまでも他者とともに生きる動物であることを噛み締めていました。

管理職になるということは、部下ができたり、社外に関わる人が増えたり、社長との距離が縮まったりと、自分の周辺に「他者」が一人、また一人と増えていくことです。「他者」とは、残酷なほど「自分と違う人間」です。だからコミュニケーションに苦しみますし、思うようにならないモヤモヤにもつながります。「なんでこんなこともできないのだ」「どうして上はこんな無茶ばかり言うのだ」と不思議になることもあるでしょう。

しかしそれと同時に、前掲した現場の声が告げてくるのは、そうした「他者」が喜びの源泉にもなっているという事実です。管理職になって増えていった他者と仕事のつながりから、多くの人がそれまでに経験していなかった新しい喜びや成長を感じています。コミュニケーションの負荷を上げてしまう多様なバックグラウンドを持った部下という「他者」、相容れないさらに上の上司という「他者」、どこまでもわがままな顧客という「他者」……。管理職になるということは、その断絶があるがゆえに新しい喜びや絆の源泉でもある他者と、響き合う面を増やすことになります。

こう考えていくと管理職になることが「損か、得か」という問いは、自分で設定しておきながら、極めて「筋の悪い」問いのように感じられてきます。

管理職になることで、業務上のメリット・デメリットがどのくらいあるのか。お金をどのくらい稼げるのか、稼げないのか。さらなる出世につながるのか、つながらないのか。そうしたことは人生において、そこそこ重要なものではあるでしょう。しかし、その視点だけだと、人が社会的な動物として生きる上での、色々なものを取りこぼしてしまっている可能性が高いです。

管理職になった人が感じている変化とは、目の前にある仕事や自分自身が置かれている「今ここ」の、さらに〝その先〟にあるものです。「今ここにいる私」よりももっと広くて長い範囲で、もっと遠くの場所に向かって何かを届けることに目を向ける。その贈り先の相手と時間軸を拓いていくための〈想像力〉を、管理職の人たちは得ているように思います。

管理職になるということは、**自らの身を「贈り手」の側へと置きなおすことです。**

与えられるものから、与えるものへ。

育てられるものから、育てるものへ。

自力でなんとかする仕事から、「他者とともに」する仕事へ。

「一変する光景」

この「贈り手になる」ということについて、筆者の経験から少し嚙み砕いてみることにします。大学に入った筆者は、多くの大学生と同じように（と言っては失礼ですが）授業を退屈なものだと思い、サボり、ほとんどすべての単位を落とすダメ学生でした。

ハードコア・バンドの活動とバスケットボールばかりする毎日の中で、モヒカン刈りに革ジャンの格好の筆者はあるとき「どう考えてもこのまま会社員にはなれないな」と気が付きます。そこでどうにか食い扶持を稼ぐ術として「大学教員」になる可能性を考え始めたわけです。これもまた、教員を目指す志としてはあまり褒められたものではありません。

しかしそれでも、退屈だった授業の光景はそのときから「一変」しました。

年老いた教授たちによるヒマな授業は、長い鍛錬を経てきた研究者たちによる、濃厚な語りの場へと変貌します。学生というズブの素人に向かって、何を抽出し、どのように教え、何を残そうとしているのだろうか。そのすべてが「自分があちら側だったらどうするだろう」という目で見ることによって、とてつもなく面白いものになりました。

かくして筆者は革ジャンを着たまま、教室の最前列の席に座る学生になりました。ある日、一番前の席で当時発売されたばかりのネグリ＝ハート著『〈帝国〉』を読んでいたとき、「その本、難しいでしょう？」と話しかけてくれた教授の研究室へと進むことになります（故・吉野耕作教授）。

「罰ゲーム」は想像力を奪う

閑話休題。

大学時代の筆者にとっての「単位を取るためだけの授業」は、「ただお金を儲けるだけの仕事」に似ています。そこからほんの少しだけ「贈り手」側の視点が入ったとき、「ただ受ける」ものだった授業が一変しました。

このことと同じように、管理職になるということは、「組織」や「仕事」というものに向き合うその光景を大きく変えるきっかけになり得るものです。

このような光景は、管理職が「損か、得か」を考えているときや、管理職になることに恐怖を感じているとき、「自分」に視点が向かっているときには、決して見えない領域にあります。

自分が働いたその先にある誰かと何か。その計算しつくすことができない、霧のかかったフワフワしたものに向かって働くこと。**そのようなことが可能になるのは、目の前に無いものをさも「有るもの」のように形作る〈想像力〉の作用です。**


この会社で管理職であることが、自らのどんな変化につながっていくのか？

この仕事が、どんな人のどんな喜びにつながっているのか？

この職場で部下が育つことが、その人の人生をどんなふうに豊かにするのか？

いつかキャリアを終えるとき、自分の仕事に何が残るのか？


こうした問いを正面から考えるような〈想像力〉を奪い、恐怖で塗りつぶしてしまうものこそが、多くの人が陥りがちな「アクションの過剰」の蟻地獄です。「会議に出すぎ」「自ら指示しすぎ」「働きすぎ」という状況は、私たちから仕事の先にあるフワフワしたものに形を与えるチャンスを奪ってしまいます。

この本のタイトルにもしている「罰ゲーム」という表現は、「遊び」というニュアンスも含めたメタファーです。人は生まれ落ちた瞬間に「会社員」として生を享けるわけではありません。仕事をしなければ生きていけないわけでもありません。組織の中で仕事をするということは、「罰ゲーム」か「神ゲー」かわからないけれども、スタートボタンを押してゲームに参加することを選んでいる、ある種の「選択の自由」を前提としています。

ただし注意しておきたいのは、時折、**管理職という仕事は「罰ゲーム」どころではない、ただの「罰」になるということです。**無理な売り上げノルマを課され、人間関係によって追い詰められ、不法な状態で働くことを強いられる。それは「罰ゲーム」から「遊び」のニュアンスを剝ぎ取った、単なる「罰」のように個人を襲います。

もし読者の方の中に、そうした状況で働いている人がいるのなら、**筆者は迷いなく「罰」からの「逃避」を勧めたいと思います。**そして、組織の中でそのような状況が作り出されているのなら、経営や人事といった「ゲームの作り手」にその状況を「修正」する義務があるのだと指摘しておきます。

想像力はどこから来るのか

そろそろ最後のページが近づいてきました。

管理職になるということは、今の仕事の先にまだ見ぬ何かを〈想像する力〉が入り込むこと、を促し、そしてその〈想像力〉こそを条件として、**自らの仕事人生を「贈与する者」として位置づけなおすこと**である。筆者は、暫定的にこのようにまとめたいと思います。

今すでに「罰ゲーム」にしか見えない働き方をしているのであれば、それは、仕事をしている「贈り物の宛先」を見失っていることを意味します。まだ管理職になっていない人にとっては、今の仕事の「先」が見えないからこそ、チャレンジする意義は十分にあると筆者は考えます。

では、管理職にならないとこのような〈想像力〉は得られないのでしょうか。

そんなことはありません。実は、私たちが働いている「今ここ」にも、そのヒントはあふれています。私たちはかつて、そしておそらく今も、誰かの「部下」であり、「後輩」であり、誰かの「顧客」であるからです。

今の自分を形成している過去の中に、名前も思い出せないような誰かから、「贈られていた」ものがある。この素朴な事実に改めて想いを馳せることによっても、贈り物の「宛先」への〈想像力〉は作用し始めます。『世界は贈与でできている』（２０２０年、ニューズピックス）を書いた近内悠太は、こうした贈与という行為に貼りついたものを、「**プレヒストリー**」と表現しています。贈るという行為には、自分自身が誰かに「贈られてきた」という過去が貼りついている。このこともまた、私たちのキャリアの「今ここ」の光景を、少し変えていく力を持つ事実だと思います。

最後になりましたが、本書に関わっていただいた皆様への謝辞を。執筆機会を与えてくださった集英社インターナショナルの藤あすかさん、そしてたくさんの議論とデータと刺激をくれるパーソル総合研究所の皆さん、現場の苦労や喜びを生々しく語ってくれた管理職の皆さん、教室の最前列にいる怪しい学生に、「その本、難しいでしょう?」という言葉をくれた吉野教授に。これまでの「贈り物」へのお礼を申し上げます。本当にありがとうございました。

良識ある人からはしばしばギョッとされる、この「罰ゲーム」という奇抜な言葉を冠した本を、最後までお読みくださった読者の方々から、管理職の未来を明るくする実践が一つでも生まれてくれれば、筆者という贈り手として、それに勝る喜びはありません。

パーソル総合研究所　小林祐児

図版制作　株式会社アトリエ・プラン

小林祐児《こばやし ゆうじ》

パーソル総合研究所上席主任研究員。上智大学大学院総合人間科学研究科社会学専攻博士前期課程修了。ＮＨＫ放送文化研究所、総合マーケティングリサーチファームを経て、２０１５年入社。労働・組織・雇用に関する多様なテーマについて調査・研究を行っている。専門分野は人的資源管理論・理論社会学。単著に『早期退職時代のサバイバル術』（幻冬舎新書）、『リスキリングは経営課題』（光文社新書）、共著に『残業学』（光文社新書）、『働くみんなの必修講義 転職学』（ＫＡＤＯＫＡＷＡ）など多数。

インターナショナル新書一三四

罰《ばつ》ゲーム化《か》する管理職《かんりしょく》
バグだらけの職場《しょくば》の修正法《しゅうせいほう》

二〇二四年二月一二日　第一刷発行
二〇二四年一〇月二三日　第七刷発行

著　者　小林祐児《こばやしゆうじ》
発行者　岩瀬 朗
発行所　株式会社 集英社インターナショナル
〒一〇一-〇〇六四 東京都千代田区神田猿楽町一-五-一八
電話 〇三-五二一一-二六三〇
発売所　株式会社 集英社
〒一〇一-八〇五〇 東京都千代田区一ツ橋二-五-一〇
電話 〇三-三二三〇-六〇八〇（読者係）
〇三-三二三〇-六三九三（販売部）書店専用
装　幀　アルビレオ
印刷所　大日本印刷株式会社
製本所　加藤製本株式会社

　ISBN978-4-7976-8134-5　C0230
定価はカバーに表示してあります。

インターナショナル新書

124
教養としての「病」
佐藤優
片岡浩史

週に三度の透析、前立腺癌、冠動脈狭窄と、立て続けに襲ってくる病魔と闘い続ける「知の巨人」が考える患者学とは？　京大法学部卒業という異色のキャリアを持つ担当医（東京女子医大病院 腎臓内科）との対話。

125
50歳からの学び直し入門
週刊東洋経済編集部 編

定年消滅時代、今後も長く働き続けることが求められる40〜50代。そのために必要なのは、「リスキリング」か「リカレント」か？　『週刊東洋経済』の特集「学び直し全ガイド」（22年10月22日号）を新書化。

126
プーチンの復讐と第三次世界大戦序曲
舛添要一

ロシアのウクライナ侵攻により、核兵器使用の脅威が高まっている。果たして、第三次世界大戦は起こってしまうのか。プーチンという政治家の作法、さらにウクライナ戦争の背景が理解できる決定版の一冊。

127
未来を語る人
ジャレド・ダイアモンドほか
大野和基・編

地球温暖化、感染爆発、国際紛争、そして格差拡大…。世界を覆う難題を解決するのは、資本主義の大改革か、新たなコミュニズムか。いま世界で最も注目されている8人の学者に、資本主義の行方と日本の進路を訊く。

インターナショナル新書

128

全国水害地名をゆく

谷川彰英

近年増加している集中豪雨や台風による被害。そこで地名ハンターの著者が、水にちなむ全国の地名を現地調査。水と闘い、共生してきた人々のエピソードを交えながら、その地名の本当の由来や変遷を探る。

129

消齢化社会

年齢による違いが消えていく！
生き方、社会、ビジネスの未来予測

博報堂生活総合研究所

注目ワード〝消齢化〟を、博報堂生活総研30年のデータで読み解く！　年齢による価値観や嗜好の違いが小さくなっていく社会＝「消齢化社会」の実像と未来予測。ビジネスはどう変わる？　発想転換のヒントが満載。

130

ビジネス教養としての

最新科学トピックス

茜 灯里

宇宙視点のSDGs、新型コロナのまとめと展望、ChatGPTの危険性など「高い専門性」と「ニュース性」を併せ持つテーマ29本を収録。ニューズウィーク日本版WEBサイト連載「サイエンス・ナビゲーター」を書籍化。

131

負ける力

東尾 修

勝利の裏には、必ず負けがある。ライオンズ一筋で20年間プレーし、通算251勝247敗23セーブの成績を残した東尾修が、野球人生でつかんだ「負けから這い上がるための心構え」を説く。

インターナショナル新書

132
人物から読む 幕末史の最前線
町田明広

人が分かれば、幕末がわかる！　徳川慶喜、ペリー、渋沢栄一……歴史に名を遺した二人は、何を決断し、どのように生きたのか。当時の政治状況とともに彼らの生き様を見直すと、立体的に幕末史が見えてくる。

133
昆虫カメラマン、秘境食を味わう 人は何を食べてきたか
山口　進

「ジャポニカ学習帳」を彩る昆虫や植物の写真で知られるカメラマン・山口進。撮影の先々での多様なエピソードが、その土地特有の思いがけない食文化に結びついていく。季刊誌「ｋｏｔｏｂａ」の連載を新書化。

135
寄り添う言葉
永田和宏、小池真理子、垣添忠生、小池光、徳永進

天才歌人であり妻の河野裕子を亡くした永田和宏が、同じく伴侶を喪った人や多くの患者を看取ってきた医師と本音で語りあう魂の対談集。後悔や悲しみを抱えているすべての人に贈る一冊。

136
死なないための暴力論
森元　斎

思考停止の「暴力反対」から脱却せよ！　ジョルジュ・ソレルからデヴィッド・グレーバー、女性参政権獲得運動からＢＬＭまで……世界の思想・運動に学びつつ、よりよく生きるための倫理的な力のあり方を探る。